Nuestro Estilo de Vida

Nuestro Estilo de Vida

José Manuel Infante 132, Providencia
Fono/Fax: 22 235 8674 - 22 235 1343
Santiago, Chile.
E-mail: gerencia@patris.cl
www.patris.cl

Edición preparada por: Mario V. Tubert

Número de Inscripción: 90.741

ISBN: 956-246-123-8 para: 1ª edición, agosto, 1994
ISBN: 956-246-144-0 para: 2ª edición: Mayo, 1996
3ª edición: Marzo, 2001 - 4ª edición: Marzo, 2003
ISBN: 978-956-246-318-8 para: 5ª edición: Marzo, 2007
6ª edición: Marzo, 2012 - 7ª edición: Julio, 2017
8ª edición: Marzo, 2015 - 9ª edición: Enero, 2016
10ª edición: Abril, 2017

Diagramación: Margarita Navarrete M.

Nuestro Estilo de Vida

Presentación

Editorial Nueva Patris ofrece una nueva edición del libro Nuestro Estilo de Vida.

Las partes centrales de este libro corresponden a tres charlas: las dos primeras dadas por el P. Rafael Fernández y la tercera por la Hna. María Angélica Infante. Fueron dictadas en Bellavista, durante la Jornada Anual de Dirigentes del Movimiento de Schoenstatt.

Estas charlas, publicadas inicialmente como Material de Trabajo Nº 8, se agotaron rápidamente, lo que puso de manifiesto el interés despertado por el tema.

El libro incluye además otro escrito del P. Rafael Fernández, El Ideal de Matrimonio, y se completa con varios Materiales de Trabajo de la Rama de Familias, en la Zona Cordillera de Santiago. De este modo se integra un conjunto especialmente apto para ser utilizado por personas y grupos que se proponen recorrer el camino de su autoformación.

Todos los textos han sido revisados y adaptados en cierta medida al lenguaje escrito. Sin embargo, se mantiene un tono coloquial que posiblemente contribuya a facilitar la lectura en los grupos y talleres que utilicen el libro.

Aunque las distintas partes de Nuestro Estilo de Vida fueron elaboradas originalmente para la Rama de Familias, el libro también puede ser utilizado por otras ramas del Movimiento con las correspondientes adaptaciones y cambios de acento. La unión de fe y vida es un ideal que comparten todos los miembros de Schoenstatt.

Editorial Nueva Patris

Nuestro Estilo de Vida, Semilla de una Nueva Cultura[1]

P. Rafael Fernández de A.

I. Introducción

1. Un gran anhelo por la santidad

El P. Mario[2] ya hizo prácticamente la introducción del tema que me encargaron para esta Jornada, tema que podríamos titular –también con palabras del mismo P. Mario– *"Nuestro estilo de vida, semilla de una nueva cultura"*.

En nuestra Familia de Schoenstatt existe un gran anhelo por la santidad. Hay un claro llamado de Dios que nos mueve a seguir las huellas de la santidad de nuestro Padre. Ahora bien, creemos que debemos dar un nuevo paso en este sentido: que ese llamado y ese anhelo se expresen en una vida de santidad, más específicamente, en *costumbres santas.* El anhelo por la santidad debe traducirse y probarse en costumbres santas, en la *plasmación de un estilo de vida santo.*

Se hizo mención del hermoso lema de la Rama Femenina de Profesionales *"Que donde yo esté, el cielo toque la tierra"*. Sí, que donde yo esté, la tierra se transforme, precisamente porque el cielo la toca. En nuestro Santuario Cenáculo,

1. Corresponde a dos charlas dadas por el autor en Bellavista, en 1993, durante la Jornada de Dirigentes del Movimiento de Schoenstatt.
2. P. Mario Romero, Director del Movimiento de Schoenstatt a la fecha de la primera edición de esta publicación.

imploramos al Espíritu Santo para que él descienda hasta nosotros. Es por eso que rezamos: ¡Ven, Espíritu Santo, y renovarás la faz de la tierra!

2. El llamado del Evangelio y del Magisterio

Como Familia, nos sentimos movidos a cultivar costumbres coherentes con la elección y el llamado del que fuimos objeto. En la reciente Encíclica de Juan Pablo II, Veritatis Splendor, leemos lo siguiente:

> Los primeros cristianos provenientes tanto del pueblo judío como de la gentilidad, se diferenciaban de los paganos no sólo por su fe y liturgia, sino también por *el testimonio de su conducta moral.* (VS 26)

Es decir, se distinguían no sólo por profesar una misma fe o celebrar una misma liturgia, sino, específicamente, por el testimonio de su conducta. El Evangelio planteó desde el inicio esta exigencia:

> "Sed perfectos como vuestro Padre celestial es perfecto" (Mt 5,48). "Hacedlo todo sin murmuraciones ni discusiones –dice San Pablo– para que seáis irreprochables e inocentes, hijos de Dios sin tacha en medio de una generación tortuosa y perversa, *en medio de la cual brilláis como antorchas en el mundo.*" (Fil 2,15) Y, en otra de sus epístolas, siguiendo el mismo pensamiento reitera: "Os exhorto a que *viváis de una manera digna* de la vocación con que habéis sido llamados" (Ef 4,1). San Pedro dice igualmente: "Así como el que os ha llamado es santo, así también vosotros *sed santos en toda vuestra conducta,* como dice la Escritura: seréis santos porque santo soy yo." (1P 1, 1516)

Esta exigencia del Evangelio es lo que quisiéramos ahondar en esta Jornada, aplicándola a nuestra vida de schoenstattianos.

Cuando preparaba esta exposición, llegó a mis manos un comentario del Cardenal Ratzinger a la Encíclica del Santo Padre. Leeré un pasaje que me parece especialmente atingente a nuestro tema. Dice así:

> Si el cristianismo es definido como camino, significa que ante todo indicaba una forma específica de vivir. (Ustedes saben que al comienzo el cristianismo no se llamaba cristianismo, se llamaba "el camino" y los cristianos eran aquellos que tenían otro camino, un camino distinto al común del pueblo).

Continúa el Cardenal Ratzinger:

> La fe *no es pura teoría, es, ante todo, un camino, o sea, una praxis.* Las nuevas convicciones que ofrece tienen un contenido práctico inmediato. La fe incluye la moral y eso quiere decir, *no sólo ideales genéricos.* (Es decir, no hay una pura teoría, una visión, un pensamiento, incluso convicciones o ideales, sino además, una praxis, un comportamiento).
>
> Pero la fe ofrece mucho más: indicaciones concretas para la vida humana. Precisamente a través de su moral, los cristianos se diferenciaban de los demás en el mundo antiguo: precisamente *así su fe resultó visible* como algo nuevo, una realidad inconfundible. Un cristianismo que ya no fuera un camino común, sino que sólo anunciara ideales indiferenciados, no sería ya el cristianismo de Jesucristo y de sus discípulos inmediatos... La Iglesia debe mostrar continuamente el camino, *debe seguir siempre haciendo visible el contenido moral de la fe.* (OR, 15.10.1993)

Son palabras claras y elocuentes. Podríamos parafrasearlas continuando el mismo pensamiento y afirmar: Un "schoenstattianismo" que no fuese un camino común, sino que sólo anunciara ideales genéricos, ya no sería el "schoenstattianismo" del P. Kentenich. Es decir, si anunciamos y nos entusiasmamos por ideales, pero esos ideales no conforman un camino, es decir, una manera de andar; si no marcan una huella; si no muestran algo distinto, entonces ya no es el "schoenstattianismo" del P. Kentenich.

En este planteamiento ha venido insistiendo el magisterio una y otra vez. Recordemos cómo el *Concilio Vaticano II* denunciaba ya, en forma muy clara, lo que llama *el divorcio entre la fe y la vida diaria:*

> El divorcio entre la fe y la vida diaria de muchos debe ser considerado como *uno de los más graves errores de nuestra época.* (GS 43)

Conocemos también el diagnóstico de *Pablo VI* cuando expresa que "la ruptura entre Evangelio y cultura es sin duda alguna *el drama de nuestro tiempo"* (EN 20). Por su parte, *Puebla* llama específicamente a evangelizar la cultura:

> La Iglesia se siente llamada a estar presente con el Evangelio, particularmente en los períodos en que decaen y mueren viejas formas según las cuales el hombre ha organizado sus valores y su convivencia, para dar lugar a nuevas síntesis (cfr GS 5c). *Es mejor evangelizar las nuevas formas culturales en su mismo nacimiento y no cuando ya están crecidas y estabilizadas.* Este es el actual desafío global que enfrenta la Iglesia ya que "se puede hablar con razón de una nueva época de la historia humana" (GS 54). Por esto, la Iglesia latinoamericana busca dar un nuevo impulso a la evangelización en nuestro continente. (DP 386393)

Estamos viviendo un extraordinario cambio cultural. Están surgiendo nuevas costumbres, otro estilo de vida, y nosotros tenemos que evangelizar en la raíz de esas nuevas costumbres, tal como Puebla afirma; porque después ya será demasiado tarde. Incluso habría que decir –me parece– que no sólo hay que bautizar costumbres nacientes sino que es preciso adelantarse, gestando nuevas costumbres, forjando una nueva cultura desde la raíz.

3. Superar la separación entre fe y vida

Esta visión, que el Magisterio de la Iglesia muestra con tanta claridad, era la convicción de nuestro Padre ya desde el inicio. Recordaré sólo una expresión suya de los años 30: Tenemos que superar la "santidad del día domingo" por una "santidad del día de trabajo", de la vida cotidiana. El primer gran libro que sale a la luz en Schoenstatt es precisamente "La Santificación de la Vida Diaria". En él se denuncia con fuerza esa dicotomía o separación entre fe y vida, entre teoría y praxis.

> La santidad de los días de trabajo no es la santidad del domingo, del día de la semana en que repican las campanas y los hombres visten trajes de fiesta. No, es la santidad de los otros seis días de la semana, cuando falta exteriormente todo ambiente festivo y el trabajo es prosaico, cotidiano.
>
> El santo de la vida diaria santifica su quehacer cotidiano, vive santamente durante toda la semana e imprime en todas sus obras el sello de la santidad. Sus tristezas y sus alegrías, su descanso y su trabajo, sus oraciones, sus palabras y su conducta: por amor, todo esto lo hace extraordinariamente bien, es decir, santamente.
>
> Ve, ama y vive lo natural y lo sobrenatural como un conjunto, como un gran organismo vivo. (La Santificación de la Vida Diaria, p.17)

En la cúspide de su anuncio profético, el 31 de mayo de 1949, proclama que es preciso vencer el bacilo del mecanicismo que separa fe y vida en forma mecánica, lo que se piensa de lo que se vive, y afirma que debemos superarlo por una nueva manera de pensar, amar y vivir orgánica.

Schoenstatt no es simplemente un movimiento "piadoso" o "religioso", en el buen sentido de la palabra; Schoenstatt quiere más que eso: quiere ser un movimiento movido por una *profunda religiosidad, pero con una proyección clara de transformación del mundo.*

Leeré un pasaje de una plática del P. Kentenich, del 16 de julio en 1967, ya cercano a su muerte. Habla a las familias, y dice así:

> Abierta y sinceramente debo confesar: veo la tarea a la cual Dios me ha destinado de conducir innumerables hombres hacia una entrega total al Dios eterno, infinito; de hacer que se hallen en casa en el mundo y en la realidad del más allá. O, si ustedes quieren, de ayudar y apoyar a todos, especialmente a los miembros de nuestras familias, para que lleguen a ser personas marcadamente ancladas en el más allá. Con esto he destacado una tarea especial que me ha dado Dios, no sólo a mí sino a todos aquellos que conmigo se desempeñan como conductores de la Familia.
>
> En la revista Regnum ustedes pueden leer (se trata de una revista del Movimiento en Alemania):
>
>> Mientras el P. Kentenich en Dachau remendaba sacos de paja, desarrolló para sus compañeros un pensamiento que estaba determinado y marcado por dos conceptos: el hombre del más allá y el hombre ingenuo (o filial).
>
> Son dos conceptos centrales, característicos en todas las circunstancias para la Familia de Schoenstatt. Yo quisiera

agregar un tercer concepto que no debe olvidarse, pero que aquí no ha sido mencionado: el hombre del más allá y el hombre filial *como portador y creador de un nuevo orden cristiano de la sociedad.*

Tres expresiones centrales que debemos grabarnos. De aquí podemos iluminar toda la historia de la Familia y también la de los dos Institutos que fueron fundados en ese lugar (el Instituto de las Familias y el Instituto de los Hermanos Marianos). (Plática del 16.06.1967)

Para todos nosotros, lo más importante es llegar a ser "hombres del más allá", hombres "filiales". Pero no así, "en el aire", no en la estratósfera, sino como personas que "toquen" la tierra, tal como decía el lema citado al principio. Personas que al tocar la tierra la transformen haciendo surgir una nueva creación, que revolucionen cristianamente la realidad. "El Verbo se hizo *carne* y habitó *entre nosotros*". El Verbo bajó y tomó carne.

En una carta muy importante que el P. Kentenich escribe en 1948 al P. Tick, a quien había confiado sacar adelante la Obra Familiar, y conocida como Acta de Fundación de la Obra de las Familias, al confiarle esa tarea, le dice que deben elaborar una *ascética familiar* y una *pedagogía familiar* y –agrega– también *costumbres familiares,* costumbres probadas, llenas de espíritu.

Es siempre el mismo pensamiento: Schoenstatt quiere ser corazón de la Iglesia, pero de una Iglesia *que está llamada a ser alma del mundo.* Schoenstatt debe ser germen de una nueva cultura, de un nuevo orden social.

4. Vino nuevo en odres nuevos

Ahora bien, ¿por qué esto es tan importante?

Si el desafío de unir fe y vida es válido para todos los tiempos, hoy es particularmente importante porque *vivimos un cambio cultural de gran trascendencia.*

Las costumbres que conforman nuestro ambiente ya no son cristianas; están cambiando de signo y son cada día más contrarias al espíritu cristiano. Ya no estamos inmersos, ni trabajamos ni nos movemos en una cultura cristiana. Cada día, esto es más patente. No estamos ni en el siglo pasado ni a comienzos de siglo; estamos a fines del siglo XX, en las puertas de un nuevo milenio. En este lapso de tiempo se ha gestado una realidad radicalmente distinta a la que antes se vivía, cuando aún se podía respirar en un ambiente relativamente cristiano y con costumbres igualmente cristianas. Hoy, prácticamente esto ya no se da. En otras palabras, se ha perdido la vitalidad de la fe, que es el núcleo que da forma a una cultura cristiana. La sustancia de la fe está carcomida; ya no existe la fe que antes existía. Ahora bien, cuando se debilita la fe, se trastoca la escala de valores del hombre, de la familia y la sociedad. Y al trastocarse la escala de valores, se distorsiona la moral y luego, al no existir moral, caemos inexorablemente en el relativismo, en la amoralidad y en la inmoralidad. Esto es una consecuencia absolutamente lógica; y ello hará que el deterioro moral en el futuro será cada vez mayor.

Por eso, al abordar directamente el tema de nuestras costumbres o estilo de vida schoenstattiano, es especialmente importante hacerlo en forma lúcida, porque enfrentamos un gran desafío histórico. Ya no vivimos protegidos por costumbres cristianas: *vivimos un cristianismo de diáspora.* Hoy, o se es cristiano por convicción y se está dispuesto a nadar contra la corriente, o bien, rápidamente "nos traga" el ambiente materialista. O se es un cristiano dispuesto a vivir en contradicción con la atmósfera reinante, o se es arrastrado imperceptible pero inexorablemente por una manera de vivir no cristiana.

Actualmente es preciso tener una clara conciencia que nuestro ambiente, nuestra cultura y nuestras costumbres ya no son cristianos, sino que proceden de un espíritu materialista, hedonista, desdivinizado.

Esto nos plantea un doble imperativo: *primero*, exige de nosotros una actitud crítica, y, *segundo*, nos llama a fomentar, creadoramente y con plena conciencia de misión, nuevas costumbres.

4.1. Cultivo de una actitud autocrítica

Destaquemos primero la necesidad de una *actitud crítica.*

Si todo lo hacemos "como es costumbre", como todos lo hacen; si nos divertimos como todos se divierten; si trabajamos como todos trabajan; si nos vestimos como todos acostumbran vestirse; si tratamos a nuestros empleados como en general se les trata, entonces esto significa que aún estamos muy lejos de una santidad tal como la pensaba el P. Kentenich. Porque nos divertimos, nos vestimos y trabajamos en forma profana.

Existe el peligro que se den graves incoherencias en nuestra vida, en nuestra condición de cristianos y schoenstattianos: podemos querer mucho a la Mater, podemos ir al Santuario, podemos ser muy piadosos, podemos rezar el rosario y tener costumbres religiosas variadas; sin embargo, por otra parte, podemos estar viviendo, hablando y trabajando como todo el mundo lo hace. ¿En qué nos diferenciamos? ¿Tenemos una manera de ser distinta?

No se trata de andar buscando la confrontación pero, ¿llamamos la atención? ¿Planteamos, como Pablo VI lo formulaba, "interrogantes irresistibles" en nuestro medio? ¿Experimentamos algún rechazo de la sociedad? ¿O nos aceptan sin problemas? Quizás nos aceptan porque no los cuestionamos con nuestra modalidad. Dicen: "son personas 'cuerdas'; adornan la casa igual que nosotros, viven sus vacaciones igual que nosotros; usan los mismos trajes de baño, son iguales a nosotros…". Es decir, "no nos molestan"… Y, por otra parte: "qué fantástico que vayan a misa, que tengan un Santuario, que hagan reuniones y jornadas…; son muy piadosos, llenan un hueco que nosotros, que no somos tan practicantes ni vamos tanto a misa, tal vez no llenamos…; en último término, admiramos que tengan esa piedad, son gente muy buena…".

Como dijimos, Schoenstatt no es sólo una espiritualidad, ni sólo una piedad. Es más que eso. Nuestros ideales no son –usando las palabras del Cardenal Ratzinger– ideales indiferenciados, genéricos, sino ideales llamados a encarnarse en costumbres, en formas de vida concretas. El pensamiento del P. Kentenich es claro al respecto:

- las formas *expresan,*
- son un *camino* y
- una *protección* del espíritu.

Esto vale en dos sentidos, uno positivo y otro negativo. Por ejemplo, si se usan garabatos y se habla "como todos hablan", como se habla en el colegio, en la oficina, en la construcción, entonces, esa manera de hablar pasa a ser expresión, camino y "protección" de un espíritu vulgar. Los chilenos tenemos una manera de hablar bastante "florida" y también las mujeres usan las mismas palabras, en forma bastante contundente. Esto ya se ha hecho costumbre, a tal punto que cada día constatamos una manera más vulgar de hablar. Si uso palabras groseras, éstas expresan un espíritu vulgar. Y ese modo de hablar cultiva un espíritu grosero y vulgar. Y entonces, lo que trate de hacer para lograr un espíritu mariano, es decir una pureza y nobleza marianas en el espíritu, será carcomido por esa forma vulgar de mi lenguaje.

Cuando adoptamos costumbres que corresponden a un espíritu materialista, esas costumbres acaban por carcomer nuestra estructura. Podemos predicar simultáneamente ideales genéricos, podemos ser "religiosos", pero el problema es que esa religiosidad corre el riesgo de convertirse luego en beatería. Este es el problema y también el peligro. Si no somos suficientemente autocríticos, sabemos lo que puede pasar, pues el mismo Cristo nos previno: no se puede poner vino nuevo en odres viejos...

4.2. Cultivo de la conciencia de misión

Junto con asumir una actitud autocrítica frente a las costumbres de nuestro entorno, enfrentamos otro desafío: *cultivar una fuerte conciencia de misión y una actitud creadora.*

Queremos ser semilla de una nueva cultura y esto requiere conciencia de misión. Es algo decisivo para nosotros, pero también lo es para nuestros hijos. Sin duda podemos inculcarles una cantidad de ideales y consolidar algunas formas de vida al interior del hogar, pero más tarde, esas formas se verán inevitablemente sometidas a una confrontación. En el colegio o en la universidad, nuestros hijos serán vistos como "pájaros raros", o porque no han visto tal o cual programa de televisión, porque no hacen esto o lo otro, o porque se visten de modo distinto a la mayoría de los jóvenes. Les echarán en cara que son anticuados, etc. Si realmente aportan algo nuevo, se verán sometidos a una presión constante en su ambiente. Si los anima una clara conciencia de misión podrán decir: "Sí, pero lo mío es mejor que lo que tú vives"; podrán dar razón de ello defendiendo sus convicciones y sus valores. Con sano orgullo responderán: "Mi estilo es mucho más digno, más noble, más libre que el tuyo..." Pero si no poseen esa conciencia de misión, inevitablemente serán succionados por la corriente materialista.

Esta es la disyuntiva: o gestamos nuevas formas o nos revestimos de las formas del ambiente. O somos creadores de otro estilo, o nos mimetizamos con el ambiente tal como lo hacen los camaleones. Entonces, el estilo de vida desdivinizado o descristianizado que han adoptado, irá carcomiendo los ideales que hayamos podido transmitirles.

Nuestro Padre plantea a Schoenstatt en esta perspectiva. Lo que pretende es la renovación mariana del mundo en Cristo. La renovación *del mundo.* Schoenstatt no es sólo un movimiento religioso, sino un movimiento que busca la renovación *religiosomoral* del mundo. Luchamos por edificar el Reino mariano del Padre, su Reino *aquí en la tierra.* Por eso rezamos: "Venga a nosotros tu Reino", el reino mariano de Dios.

En otras palabras, queremos forjar y ser alma de una nueva cultura. Con Puebla entendemos por cultura:

> *el estilo de vida común* que caracteriza a los diversos pueblos. (DP 386)
>
> La cultura así entendida abarca la totalidad de la vida de un pueblo; *el conjunto de valores* que lo animan y de desvalores que lo debilitan y que al ser participados en común por sus miembros, los reúne en base a una misma "conciencia colectiva" (EN 18). La cultura *comprende, asimismo, las formas a través de las cuales aquellos valores o desvalores se expresan y configuran, es decir, las costumbres, la lengua, las instituciones y estructuras de convivencia social,* cuando no son impedidas o reprimidas por la intervención de todas las culturas dominantes. (DP 387)
>
> La evangelización, que tiene en cuenta a todo el hombre, busca alcanzarlo en su totalidad, a partir de su dimensión religiosa. (DP 390)

A partir de la dimensión religiosa queremos abarcar toda la realidad. En las oraciones de la mañana de "Hacia el Padre", rezamos: *"que el ideal plasme íntegra toda nuestra vida".* El ideal tiene que llegar a transformar nuestra manera de pensar, nuestros criterios de juicio, nuestras líneas de acción, nuestro estilo de vida o los modelos de vida.

En los años 30, al explicar la pedagogía mariana de Schoenstatt, el P. Kentenich, sintetizaba así su ley básica: *Por la vinculación a María llegamos a la actitud mariana o a un estilo de vida y de trabajo mariano.* Si quitáramos el alma, el amor a nuestro Padre, el amor a la Mater, si quitáramos la vinculación al Santuario, ya no tendríamos las fuerzas necesarias para plasmar una nueva cultura (de esto tratará ampliamente la charla siguiente de la Hna. M. Angélica). Pero de esa fuente tenemos que sacar las fuerzas para transformar la realidad y llegar a conformar un estilo de vida y de trabajo mariano. Si bien es cierto que de esta manera partimos de una fuerte e íntima vinculación a María, no nos quedamos solamente en ello. Esa vinculación se expresa, crece y se prueba en una actitud mariana, en un comportamiento, en un estilo de vida y de trabajo marianos. El amor a María es la fuente de la cual surge naturalmente, en forma espontánea, ese comportamiento, pero es también la energía que nos permite luchar para superar otras costumbres e imprimir el sello mariano en todo nuestro comportamiento.

De otro modo, tendremos pietismo, sentimentalismo, o bien un intelectualismo schoenstattiano, pero no llegaremos a ejercer "una poderosa influencia en los destinos de la Iglesia en Occidente...". (31V49)

Ahora podemos "bajar a terreno". Nos interesa, a partir de esta visión, aterrizar en la vida concreta. Preguntémonos entonces sobre "nuestro estilo de vida".

II. Nuestro Estilo de Vida

Existe un gran abanico de costumbres y de campos donde pueden cristalizar las formas de vida. Las costumbres son muchas, tanto buenas como malas. Es decir, costumbres virtuosas o costumbres viciosas. Cuando dijimos que teníamos que practicar una autocrítica, apuntábamos a la necesidad de desenmascarar nuestras malas costumbres, aquellas que no son compatibles con nuestro espíritu. Nos interesa, sobre todo, reafirmar nuestras buenas costumbres y cultivar otras que expresen y protejan nuestro espíritu.

No podemos mencionarlas todas, lo que tampoco es ahora nuestra intención. Sólo nos referiremos a algunos ámbitos que no pretendemos exponer de modo acabado, ya que nuestro deseo es promover un intercambio y despertar una inquietud sobre el mismo. No comenzaré con las costumbres religiosas, y no porque tenga algo en su contra, sino porque creo que ellas son las más logradas entre nosotros. De tal manera que si preguntamos en qué se distinguen los schoenstattianos de otras personas, la respuesta podría ser: van al Santuario, llaman Mater a la Virgen, pertenecen a un grupo, asisten a jornadas en torno al Santuario, tienen Santuario-hogar, rezan la Pequeña Consagración, etc. Son costumbres que se han ido gestando, formas religiosas concretas que han surgido de la vida.

Sin embargo, otras costumbres no se han plasmado tan claramente. En primer lugar, me referiré en concreto al uso del dinero y de los bienes materiales. Luego, examinaré la manera cómo nos entretenemos, cómo nos divertimos y ocupamos el tiempo libre. Después, consideraré nuestras costumbres con respecto al modo de expresar el afecto y al comportamiento en la esfera sexual. Si nos queda tiempo, diremos algo también sobre las costumbres religiosas.

1. Nuestro comportamiento respecto al dinero y a los bienes materiales

¿Por qué comenzar con esto? La sexualidad y el dinero son dos campos neurálgicos. Cuando el schoenstattianismo ya ha bajado hasta esas esferas, eso significa que Schoenstatt realmente está tocando nuestra vida. Si no ocurre así, quiere decir que todo es aún un poco de "poesía". Pero cuando afecta a nuestro bolsillo, cuando conforma nuestra sexualidad y nuestro comportamiento afectivo, es porque Schoenstatt ha tocado algo neurálgico en nosotros, zonas donde confluyen muchos factores determinantes de nuestra vida.

¿Qué importancia tiene este ámbito de costumbres?

En primer lugar, tenemos que decir que el Señor claramente le dio mucha importancia. Son variadas las ocasiones en que habla del dinero y sus expresiones son incisivas: "¡Ay de vosotros los ricos!", "es más fácil que un camello entre por el ojo de una aguja que un rico entre en el cielo", etc.

Si en algo ha insistido la Iglesia en los últimos decenios, ha sido justamente sobre la cuestión económica. El Magisterio lo ha hecho a través de numerosas encíclicas. En nuestra patria, éste ha sido uno de los temas más controvertidos, origen de grandes tensiones entre los católicos. Se oyen muchas protestas: ¿Qué tienen que hacer los obispos en este campo?, ¿por qué tienen que meterse en la economía? "Pastelero a tus pasteles" y "business is business"... Me podrán decir que debo ir a la iglesia, pero que no me digan cómo tengo que manejar mi empresa. En esto, los expertos somos nosotros. Lo que debo hacer con mi dinero es asunto mío. Yo soy schoenstattiano, rezamos en común, pero esto es harina de otro costal...

La Iglesia ha defendido claramente su derecho y su deber a decir algo respecto a todo lo que tiene que ver con el dinero o con el orden económico de la sociedad. Es cierto que los obispos no están llamados a dar normas concretas sobre la manera de conducir la economía de un país; pero ellos son depositarios de la moral que brota del mensaje del Evangelio, mensaje que debe incidir en toda nuestra vida; no sólo en lo religioso, sino también en la vida de los negocios, en la sexualidad, en nuestra relación con el trabajo, en el modo de divertirnos, etc.

Ahora bien, no basta con analizar estas realidades en el orden macro económico o a nivel internacional. Debemos bajar a la realidad concreta de nuestra familia; nos interesa aplicar el espíritu de los consejos evangélicos –de la pobreza en este caso– a nuestra propia familia, como célula viva de la Iglesia y de la sociedad. Si no se parte por casa, lo demás pasa a ser una utopía, una colección de ideales genéricos que no plasman la vida.

La importancia de este ámbito es múltiple, porque aquí se juega el espíritu de pobreza que anuncia el Evangelio: el desapego de los bienes materiales como camino de libertad interior y apertura a Dios. Se juega también la justicia y la solidaridad fraterna: somos administradores de los bienes que Dios nos regala. Existe una polaridad entre el hombre y la mujer al interior del matrimonio en cuanto al manejo de las finanzas del hogar y al uso de los bienes. En este plano se juega además el sentido del poder y del ejercicio de la autoridad, cuyas deformaciones se expresan en opiniones tales como: "*si tengo el dinero, mando yo*", "*soy yo quien tiene el control de la situación*"; por otra parte, también está en juego la educación de los hijos y su corresponsabilidad, etc.

Verdaderamente, nos encontramos aquí con un punto neurálgico al que vale la pena dedicar nuestra atención.

El P. Kentenich conscientemente edificó Schoenstatt como un caso preclaro y germen de un nuevo orden social. Por ese motivo, en los Institutos dio mucha importancia a la forma de usar el dinero e introdujo costumbres nuevas. Antes no era común que una persona consagrada a Dios dispusiera de una mesada mensual o que conservara la propiedad de sus cosas. Un benedictino, por ejemplo, no tiene nada propio, ni siquiera el hábito que lleva; nada le pertenece, todo es de la comunidad. Sin embargo, en nuestros Institutos no es así. ¿Por qué? Es para salvaguardar la dignidad de la persona y el carácter secular de los Institutos. Tenemos cosas que nos pertenecen y ningún superior nos pregunta qué hacemos con ellas; cada uno determina el uso que le da. Recibe una cuota de dinero con la que puede hacer lo que desee. El Padre no pasó por alto este punto y encargó expresamente que se trabajara en ese aspecto. Seguramente todavía nos queda mucho por hacer...

En este contexto, quiero referirme ahora al machismo. El *machismo* es una enfermedad habitual, sobre todo en América Latina. Es una enfermedad que se ha convertido en una manera de ser y de vivir: un hecho cultural que nos pesa y que afecta nuestra convivencia. Se expresa particularmente en dos campos: en el de la sexualidad y en todo lo vinculado con el dinero.

Esto se refleja particularmente en el matrimonio ¡Cuánto humillan los hombres a sus mujeres! Las tratan a menudo como a niños imberbes. La mujer tiene que pedir dinero hasta para el pan. Y él todavía cuestiona: *¿No te di dinero? ¿Ya se te acabó? ¡Hasta cuándo me pides!* ¡Cuántas mujeres, incluso, confiesan haber "robado" dinero, haberle sacado dinero al marido a escondidas! No es raro que uno de los motivos más frecuentes de las peleas en la pareja sea justamente por el dinero; por el machismo del hombre, porque él es quien lo gana, y si es así, considera que él manda y dispone lo que se debe o no se debe hacer…

Hoy experimentamos la reacción, dado que la mujer también trabaja, gana un sueldo y dispone de dinero. Entonces suele gestarse una especie de competencia: cada uno vale según lo que gana, y cuanto más gana, más puede mandar… Algunos maridos y algunas esposas no dan a conocer a su cónyuge lo que ganan, para defender así su "independencia".

Ahora bien, cabe preguntarse: esas costumbres tan arraigadas en nuestro pueblo, ¿se compadecen con el espíritu que predicamos y queremos encarnar? ¿No estaremos echando vino nuevo en odres viejos? ¿Hemos pensado realmente en cómo manejar nuestras finanzas? ¿Hemos meditado y conversado sobre cómo enfrentar schoenstattianamente esta problemática? Son tareas que debemos abordar de modo creador y muy crítico, porque no podemos administrar ni gastar el dinero como todos lo hacen.

Es indispensable revisar la escala de valores que está en juego y desenmascarar costumbres a veces profundamente arraigadas en nuestro pueblo; costumbres que, schoenstattianamente, son insostenibles.

Para nosotros el hombre y la mujer, en el matrimonio, son de igual dignidad y forman una sociedad en la que ambos tienen derecho a voz y voto; constituyen una sociedad de pares. Y si es así, también tienen que comportarse como sociedad en estos casos concretos, guardando la dignidad de cada uno; pues ambos tienen algo que decir. También en este campo debemos llegar a vivir la solidaridad matrimonial y no sólo en lo espiritual.

¿Cómo administramos el dinero? Si hay o no separación jurídica de bienes, es otro problema, porque aunque exista, lo decisivo no reside allí. Formamos una sociedad y si yo gano y el otro también gana, todo es para nosotros, y de ese dinero disponemos ambos. ¿Qué destino le damos? Debemos examinarlo en conjunto haciendo un presupuesto común, sabiendo con lo que ambos contamos, y lo que cada uno aporta. De este modo, y de común acuerdo, podremos decidir en qué gastar el dinero. Quién lo administra en concreto, es decir, si lo hace el marido o la mujer, ése es un problema que se resuelve de común acuerdo.

Por otra parte, pensemos *qué sucede con los hijos y el dinero.* Cuando es posible, se les suele dar dinero a raudales y así se les malcría desde el comienzo. O, si no tenemos esa posibilidad, como estamos en un medio exigente, surge a veces la tentación de entrar en el juego de las apariencias.

¿En qué gastamos el dinero? ¿Cómo lo gastan los hijos? ¿Lo sabemos? Si les hacemos participar y ellos comparten nuestros criterios, si les vamos transmitiendo los valores sobre el sentido del dinero y de la pobreza, los iremos educando progresivamente en el espíritu y en la práctica de la sencillez mariana, de la austeridad, de una sana libertad frente a las cosas materiales y de la solidaridad. Normalmente les daremos una cuota de acuerdo a nuestras posibilidades y a lo que sea adecuado. Por lo tanto, esa cuota tendrá que ser sopesada en común por ambos, papá y mamá.

Estamos ante tareas muy concretas; tiene que darse aquí un trabajo consciente y autocrítico respecto a las costumbres existentes. En este sentido, el P. Kentenich hablaba de una *"ley de la contradicción"* y de una *"ley de la adaptación"*. Sin duda que en la cultura actual también se están gestando cambios positivos que nosotros debemos asumir de acuerdo con la ley de la adaptación. Como dice san Pablo: "Probamos todo y nos quedamos con lo bueno". Pero también tenemos que ayudar a nuestros hijos a cuestionarse críticamente en relación al ideal de pobreza y a la sobriedad, según los criterios del Evangelio. Tanto ellos como nosotros, debemos aplicar la "ley de la contradicción", es decir, la necesidad de aprender a nadar contra la corriente, cuando sea necesario.

Otra pregunta que dice relación con este tema es: *¿Cuál es nuestra actitud concreta frente a los bienes materiales?* Sabemos bien que el dinero nos permite comprar cosas. Que la sociedad en la cual vivimos es una sociedad consumista, lo sabemos de sobra. Es una sociedad que nos lleva a acumular de todo: vestidos, zapatos, juguetes, etc. Es tanto, que a veces la pieza de los niños contiene un mar de juguetes y ellos a menudo ni siquiera saben lo que tienen. Al mismo tiempo, se da el caso que esos niños juegan normalmente mucho más felices con una muñeca harapienta y destartalada que con los juguetes finos que poseen.

Y si abrimos el closet, ¿cuántos vestidos hay?, ¿cuántas corbatas?... Uno de ustedes, después de escuchar algo sobre esto, me pasó el recorte de un diario que cita a san Agustín, uno de los más grandes Padres de la Iglesia. San Agustín dice así:

> Dios no te exige mucho. Pide lo que él te dio. De esto, tú quita lo que te sea necesario. Los demás bienes, que son superfluos para ti, son necesarios a otros. Los bienes superfluos de los ricos son necesarios a los pobres. Posees lo ajeno cuando posees lo superfluo.

El P. Kentenich distinguía tres tipos de *bienes:* los *necesarios,* los *útiles* y los *superfluos.* Los necesarios son aquellos que todos debemos tener. Es un escándalo que tantas personas en la sociedad no tengan lo necesario. También se debería disponer de los bienes útiles. Pero el Padre dice que a veces tenemos que renunciar a ellos por nuestra tendencia a apegarnos demasiado a las cosas y a acumular: nos esclavizamos demasiado respecto a los bienes materiales y en ellos ponemos nuestra seguridad. Para educarnos y contrarrestar esa tendencia a poseer y acumular, a veces tenemos que renunciar a cosas necesarias. Respecto a lo superfluo, no cabe el sistema de lujo entre nosotros y por eso debemos pensar muy bien qué auto compramos, qué alfombras ponemos en el living, qué cortinas colocamos, etc. En este sentido, es preciso hacer un autoexamen.

Debemos considerar también la *proyección social del dinero y de las cosas que poseemos.* No sólo se juega aquí la pobreza, la sobriedad de vida, el sencillo estilo mariano, la austeridad o la libertad que nos permite estar abiertos para las cosas de Dios, sino que también está en juego la justicia y la caridad. Leímos lo que san Agustín decía: es injusto poseer cosas superfluas, porque no son nuestras, sino que pertenecen a otros. Estamos quitándole a otro lo que le pertenece. No somos dueños de los bienes, somos sus administradores. Es Dios quien los proporciona para que vivamos dignamente. Pero si los acumulo en desmedro de otros, estoy cometiendo una injusticia y una falta de caridad o de solidaridad fraterna.

En esta misma línea, pensemos igualmente en la solidaridad frente a la Iglesia; por ejemplo, respecto al dinero del culto, ¡cuánto ha costado en Chile conformar la mentalidad de que nosotros no damos una limosna a la Iglesia sino que debemos, como miembros vivos de ella, velar por sus necesidades materiales! Hay Movimientos que, en ese sentido, van bastante más lejos que nosotros: los miembros dan el 10% de sus ganancias al Movimiento al que pertenecen. Nosotros damos el 1% ... si es que lo damos...

Tenemos que ser realistas: cuando Schoenstatt ha llegado a tocar nuestro bolsillo, significa que nos ha tocado en verdad. De lo contrario, es más bien un sentimiento... es bonito, lindo, somos todos hermanos... pero así, "espiritualmente"...

Si queremos otro orden mundial para la economía, tal como lo han expresado los Sumos Pontífices, o si no estamos contentos con el que existe a nivel nacional, entonces tenemos que empezar ordenando nuestra propia casa, creando otro estilo, y no simplemente asumiendo, de buenas a primeras, las formas propias de la sociedad de consumo que hoy impregnan nuestro ambiente. Por ello, es necesario ser autocríticos al asumir costumbres: no debemos adquirir costumbres simplemente porque son costumbres, porque "se estila así".

En resumen: está claro que el orden económico no es indiferente para nosotros; que el marido no es un ser "omnipotente"; que tampoco los cónyuges deben andar cada uno por su lado; que la pobreza evangélica, de alguna forma tiene que expresarse en cada familia; que hay que educar para la libertad, para la corresponsabilidad, para la solidaridad, para compartir. Todo esto nos resulta claro, pero requiere un trabajo, un cultivo consciente por parte de cada persona y de cada familia para que algún día, como Movimiento, podamos decir: los schoenstattianos viven de esta forma; ellos tienen esta costumbre en la manera de administrar el dinero.

2. Nuestras costumbres en el campo de la diversión

Hay aquí otra área importante. Schoenstatt nos llama a cultivar un sano organismo de vinculaciones naturales, que es la base de un sano organismo de vinculaciones sobrenaturales. La santidad se expresa no sólo en el trabajo sino también en el descanso, en el esparcimiento o en la diversión...

Schoenstatt no es "fome". No puede ni debe serlo; el P. Kentenich no lo era... Schoenstatt no consiste sólo en reuniones. Tenemos retiros, jornadas... pero, ¿por qué no cantamos más, por qué no cultivamos creadoramente una manera de entretenernos sanamente? Si somos familia, debiera ser así...

La entretención pertenece a la integridad orgánica de nuestra vida. Aquí también es preciso librar una pelea dura y difícil, frente a una sociedad que nos lleva al "stress" en el trabajo porque nos exige funcionar de modo inorgánico. Todos estamos inmersos en este sistema. Si no llegamos a conformar otro estilo de vida, nos apartaremos cada vez más del tipo de hombre orgánico que Schoenstatt pretende encarnar.

El ritmo de vida actual nos conduce a una manera de vivir enfermiza. Pensemos solamente en una palabra: *el televisor.* Descansamos, nos esparcimos, ¿cómo? Encendiendo el televisor. Creo que si hiciéramos una encuesta, descubriríamos que, en el 90% de los dormitorios de los matrimonios actuales, el televisor está como invitado especial, ¡en el lugar más íntimo de la casa! Son muy pocos los que no lo tienen allí. Y eso quiere decir que todo lo bueno que pueda traer la televisión, lo recibimos allí, pero recibimos a la vez toda la mugre y la recibimos en el centro mismo de nuestro hogar. Y esto sin considerar el efecto de bloqueo para el diálogo conyugal y familiar que ejerce el televisor.

¿Es ésa la manera más sana de distraerse? Es una gran interrogante. ¿Tiene Schoenstatt algo que decir en relación a la televisión o es un asunto indiferente, de otro orden? ¿Tienen nuestros ideales algo que ver con el uso del televisor? Creo que tienen mucho que ver. Debemos preguntarnos cómo lo usamos y cómo lo usan nuestros hijos. ¿Hay que sacarlo de la pieza o no sacarlo? Tenemos que hacernos estas preguntas. Por cierto, cada persona o matrimonio decidirá la mejor forma de darle un uso concreto; pero no puede dejar de decidirlo consciente y responsablemente. Es cierto que la presión ambiental es muy fuerte, pero aún así podremos lograrlo con la ayuda de las gracias del Santuario.

Tenemos que crear formas de pasarlo bien, de gozar en familia. En otras culturas, como en Alemania o Suiza por ejemplo, una de las cosas hermosas que uno ve es que se hacen caminatas y paseos en familia, gozando todos juntos de un día de campo. Los suizos escalan montañas pero nosotros, en cambio, tomamos el auto, llegamos hasta cinco metros del lugar de la mesa de picnic y nos quedamos ahí. ¡Qué fantástico es hacer paseos, caminatas, bicicletadas en familia, jugar al aire libre o jugar a las cartas, entretenerse juntos!

Pensemos también en las *fiestas*. Es sorprendente que hoy sea de buen tono empezar las fiestas a las 12 de la noche o a la 1 de la madrugada. ¡Es increíble! ¿Es ése un estilo cristiano? ¿Es una manera de divertirse cristianamente? Por otro lado, para muchos existe la moda de festejar a los niños en un club, cuando tienen apenas 3, 4 o 5 años. ¿Puede ser sana esa forma? Tampoco puede serlo que niños de 10 años vayan a fiestas como los adultos y practiquen los mismos bailes que ellos.

Tenemos que pasarlo bien, por cierto, pero sanamente. En un retiro de matrimonios hablamos sobre esto. Formulé esta pregunta: ¿cómo se divierten, cómo lo pasan bien ustedes, como pareja? Después hicimos una rueda, lo comentamos y pude darme cuenta que todos se referían a cómo entretenían a sus hijos, y todo se movía siempre en torno a los hijos. Entonces, les pregunté: ¿pero ustedes dos, como matrimonio, no lo pasan bien, no salen, no hacen nada en esta línea? Fueron muy pocos los que respondieron que lo pasaban bien y que se distraían juntos como pareja.

Existe además otro problema: el hombre se divierte, lo pasa bien, juega tenis, fútbol, etc., y la mujer, si lo acompaña, mira cómo juega, cómo pesca... Es decir, las entretenciones, el deporte, son del hombre, no de los dos. Y entonces, ¿qué hace la mujer? Busca otras entretenciones: va a clases de gimnasia, de pintura, a tomar té, a jugar cartas... El resultado es que cada uno anda por su lado...

¿Se dan cuenta cómo Schoenstatt también tiene que descender y plasmarse en estas cosas? Porque si no es así, se nos escapa la vida concreta. Pues claro, vamos juntos a una reunión, a una jornada, a un retiro y ahí somos personas o una "pareja perfecta", "ideal". Pero, como ya vimos, en la realidad...

Estamos reflexionando sobre algo importante para nuestra Familia y para la realización de nuestra misión. Hagamos un pequeño paréntesis sobre cómo se adquieren las costumbres.

El Padre nos llama a una cruzada del pensar, amar y vivir orgánicos. Todo lo que hemos hablado tiene que ver con esto. Del amor orgánico, de una mentalidad orgánica, tienen que surgir costumbres coherentes con esa manera de pensar y de amar. Al *pensar* y *amar* orgánicos debe seguir un *vivir* orgánico.

Buscamos enriquecer nuestras costumbres. Algunas, por cierto, las asumiremos de nuestro medio, porque son positivas. No todo lo que nos rodea está mal, ni mucho menos. En nuestros hogares schoenstattianos se han ido gestando muchas costumbres sanas que corresponden a nuestro espíritu. Por ejemplo, a nuestros hijos no les pedimos una actitud crítica. Ellos asimilarán por "ósmosis" las sanas costumbres que cultivemos. Es decir, van a recibir esas costumbres, por así decirlo, con la leche materna. Y eso es extraordinariamente valioso porque así las arraigan en su subconsciente, ya desde la niñez.

Ahora bien, *esas costumbres recibidas por tradición familiar o ambiental schoenstattiana,* en algún momento también tienen que motivarse y asumirse conscientemente. Lo exige el choque ambiental al cual serán sometidos. Por eso, tenemos que concientizarnos y concientizar a nuestra juventud; de lo contrario los dejamos desvalidos frente a un ambiente adverso que los acusará, los marginará y los catalogará como "pájaros raros". Si ellos no están provistos de una fuerte conciencia de misión, sucumbirán ante la presión ambiental: ¡por qué te vistes así! ¡Cómo no fuiste a ver tal película!, ¡cómo esto, cómo aquéllo...! Y el joven empieza a sentirse marginado del ambiente en su colegio o en la universidad, porque no es como los demás...

Ahora bien, cuando esa persona tiene una clara conciencia de misión, no se limita sólo a resistir al ambiente de su entorno, sino que busca también transformarlo y conquistarlo y, de ese modo, realmente estamos contribuyendo a construir un mundo nuevo.

Las costumbres no surgen solamente cuando se asume funcionalmente lo que existe. También *tienen que gestarse "a propósito".* ¿Cómo sucede esto?

En primer lugar, y muchas veces ustedes lo han vivido en una jornada o en un retiro, se reciben motivaciones y surge una inquietud: en realidad podríamos hacer esto o, personalmente, podría empezar a hacer tal o cual cosa: rezar, por ejemplo, a la hora de las comidas, etc. O, respecto a lo que hablamos sobre la manera de administrar el dinero, se conversa y luego se inicia una determinada práctica.

Las costumbres se generan y afianzan por repetición de actos. Pero, para que sean fecundas, deben ser actos que respondan a una motivación valórica, de tal manera que se sienta que el esfuerzo por instaurar esa costumbre vale la pena, dado que ennoblece y enriquece a nuestra persona.

Otra posibilidad de gestar nuevas costumbres se da cuando las forjamos a partir del ideal. No se ha recibido ninguna motivación en ninguna jornada o retiro pero, *mirando al Ideal Personal o al Ideal de Matrimonio, al Ideal de Familia, pensamos cómo podríamos concretizarlo o encarnarlo en la vida cotidiana.* Y así, poco a poco, se empiezan a generar estas nuevas costumbres hasta que ya pasan a ser algo adquirido y no es preciso preocuparnos más por practicarlas deliberadamente, porque ya nos pertenecen como una "segunda naturaleza".

Sin embargo, debido al pecado original, para que esas costumbres se mantengan es necesario tener siempre el espíritu en alto. *Si el espíritu decae, las costumbres pasan a ser un formalismo,* una cáscara. Se guarda lo exterior, pero ya no se posee la fuerza interior del espíritu. El amor a la Mater decae y también la motivación del ideal; ya no se está tan arraigado en lo sobrenatural, a tal punto que esas costumbres pierden fuerza pasando a ser un mero formalismo; entonces bastará que se produzca un cambio en el ambiente para que todo se tire por la borda.

¿Qué otros ámbitos de costumbres podemos abordar?

3. Nuestras costumbres respecto al modo de expresar el afecto y respecto al comportamiento en la esfera sexual

Es otro de los puntos neurálgicos de nuestro estilo de vida, porque en este campo confluyen numerosos factores esenciales. Basta recordar que nuestra misión consiste básicamente en instaurar el organismo de vinculaciones, es decir el amor. Si no existen formas adecuadas, esa meta se transforma en uno de esos ideales genéricos, de esas convicciones que no muerden la vida y no crean cultura.

Junto con ser un punto neurálgico, es también uno de los campos donde existen más aberraciones, aberraciones semejantes a las que se dan en el mundo del dinero.

Abordaremos tres aspectos:

1) la expresión sensible del afecto,
2) el pudor y el modo de vestirnos,
3) la sexualidad conyugal y la paternidad responsable.

Esto es materia suficiente para una jornada entera... por lo cual sólo señalaré algunos de sus aspectos. Nuestro interés es motivar y llamar la atención sobre estos ámbitos tan decisivos en nuestra vida.

1) La expresión sensible del afecto

Como primera observación, diría que el estilo de vida actual desconoce la cultura de la delicadeza, de la ternura, de la expresión sensible de afecto en las caricias. Se dan dos extremos: o se reprime la afectividad y la expresión sensible del afecto, porque se la ve como algo peligroso; o bien ésta se desborda, es decir, se la reduce a una especie de ingeniería de preparación al acto sexual.

Muchas veces se reprime la afectividad como una expresión más del machismo. Se afirma que "los hombres no lloran", es decir que no deben expresarse sensiblemente. El hombre, en su expresión de cariño, tiende a ser un tanto "abrutado"; si una persona es más delicada, se la suele catalogar como afeminada. El hombre tiene que ser rudo. De una u otra forma, este sentir está arraigado en nuestra cultura: se siente así, se vive así y se estila así. Y eso crea una cantidad enorme de problemas en el matrimonio, tanto para la persona misma como para la esposa y los hijos.

En el otro extremo, tenemos *una afectividad desbordada,* donde la sensualidad y la sexualidad se constituyen en lo único que importa, son *la* expresión misma del afecto. Pero en realidad se trata de una expresión desgajada del espíritu, sin alma. Tenemos entonces sexualidad y caricias sexuales desligadas del amor espiritual y sobrenatural, lo que crea enormes frustraciones.

Antes, el acento estaba puesto más bien en costumbres victorianas de represión, las que de alguna manera aún existen pero ya en menor escala. Hoy predomina el desborde, el pansexualismo, del que todos somos testigos. Pero se trata de una sexualidad enormemente pobre y deshumanizante, y por eso mismo conflictiva, que no alcanza a proporcionar verdadera plenitud a la persona.

Se produce una especie de salto desde el amor espiritual hacia el amor sexual. Se desconoce toda esa gama de la expresión sensible del afecto que no es sexual. Y esto constituye un tremendo error. ¿Por qué? Si doy, por ejemplo, un apretón de manos a alguien, estoy haciendo un gesto sensible que manifiesta aprecio, amistad, amor, en forma tangible.

Esto no tiene absolutamente ningún contenido sexual. Si la mamá o el papá toman a un niño y "se lo comen a besos", evidentemente que eso no tiene nada que ver con lo sexual. Pero, sin embargo, es algo sensible, es una caricia intensa. Cuando abrazo a alguien, estoy expresando un cariño, un afecto. Con ese gesto manifiesto cosas espirituales, tales como: "estoy contigo", "te apoyo". Si alguien está experimentando un dolor, resulta instintivo abrazarlo, como diciéndole "te sostengo", "te apoyo". Si un esposo le da un abrazo a su esposa, con ello le está diciendo: *"yo te acojo en mi vida", "te cobijo", "te protejo"...*

Este lenguaje sensible es extraordinariamente importante. Donde no existe una cultura del lenguaje sensible, donde no se redime ni educa la sensibilidad, vamos directamente hacia uno de los dos extremos: o reprimimos, transformándonos en una especie de seres inhumanos, "angélicos"; o bien nos convertimos en animalitos. Entre esos extremos se mueve la cultura actual. Es un gran desafío poder lograr la unión del amor instintivo y corporal con el amor espiritual y sobrenatural; lograr la armonía de la naturaleza y la gracia también en este campo, tal como la soñaba el Padre. Si hay algo donde se pone en evidencia la realidad del amor y de la vida orgánica, es precisamente en la relación sexual. Es allí donde debería culminar la armonía entre naturaleza y gracia. ¿No tendríamos que elaborar y aplicar esto en mayor medida?

Veamos algunas cosas más concretas. *¿Cómo se pololea hoy ?* ¿Qué estilo de pololeo existe? ¿Cómo pololea nuestra juventud? ¿Hemos creado otro estilo o los jóvenes schoenstattianos simplemente adoptan el estilo existente? Pero si adoptan el estilo existente, es seguro que no son schoenstattianos en ese aspecto. Nuestra juventud debe considerar más críticamente el estilo de pololeo de sus compañeros de colegio o de universidad.

No existe gradualidad: se empieza a pololear casi sin ningún preámbulo de conocimiento mutuo. Los pololeos se inician a partir de una fiesta, en una noche, y ya en ese punto se produce el desborde con un torbellino de caricias y una exacerbación de la sensualidad. Así se practica hoy el pololeo. En Europa la cosa es más radical, porque estar pololeando muchas veces significa vivir juntos. Aquí aún no hemos llegado a ese extremo, pero estamos bastante cerca. Formal o exteriormente, no se vive juntos, pero hacia allá vamos. Cuando la cultura se ha desligado de Dios, pierde el sentido de la moral y acaba cayendo en la aberración moral.

¿Qué estilo existe en el pololeo? ¿Cómo se besan los pololos? Basta observar los spots publicitarios y las películas. La juventud también asume esa manera de expresar el cariño, y lo hace de tal modo que en ese ambiente es casi imposible no terminar en las relaciones prematrimoniales. Porque esa forma de expresar el cariño prácticamente constituye una preparación directa al acto sexual. Cuando la caricia no tiene medida, se desboca y sigue su dinámica instintiva. Si no existe educación y encauzamiento de la afectividad, no pidamos pureza mariana en nuestra juventud.

Y en cuanto a los *paseos*... poco a poco se ha ido introduciendo la costumbre de salir en pareja por un fin de semana, pololeando o no pololeando. Entonces uno se pregunta: ¿son ángeles? ¿O son de carne y hueso? Es una tarea ardua para los jóvenes, porque tienen que enfrentar algo que a otros les parece absolutamente natural. Tienen que saber decir no, pero un no justificado con razones... Deben evidenciar que no son mojigatos sino que tienen y buscan algo más grande y más noble que no quieren perder. Son ellos los que tienen que dictar sus normas sin aceptar que otros les impongan su forma y su modo de pololear.

Por otra parte, ¿cómo es, entre los esposos, el modo de expresión del afecto? Los varones schoenstattianos enfrentan aquí un trabajo de autoformación muy importante. Por naturaleza, porque son hombres, en general se sienten mucho más lerdos para expresar el cariño. Pero resulta que en el matrimonio, si el hombre no expresa el cariño "gratuitamente", acaba por frustrar a la mujer. Ella experimentará la cercanía del hombre sólo como un interés sexual. Se suele dar un salto: prácticamente se pasa de la nada, de la calle, a la intimidad más profunda... La mujer rechaza esta modalidad, la siente como algo indigno, que no corresponde. Por eso el varón debe aprender a expresarse y a descubrir el valor de la caricia. Y la caricia puede ser una mirada, un tomar la mano, decir un piropo, un pasar la mano por el cabello... todos los gestos que debieran ser normales en la expresión de ternura. Hoy casi no existe, como decíamos, la cultura de la ternura y de la delicadeza. Es preciso aprenderla nuevamente.

No podemos contentarnos con adoptar la forma en que habitualmente los hombres se expresan. Pertenece al hombre orgánico expresarse sensiblemente; pertenece también a la integridad de nuestro amor que éste se manifieste en caricias nobles, en caricias dignas, marianas. Los laicos no están llamados a un estilo de vida virginal; ellos tienen que hacerse santos dándose a sí mismos a través de estas expresiones sensibles del amor. De otro modo, tendrían que dejar la vida laical y entrar al convento...Pero eso no procede...

La expresión de cariño con los hijos. Si preguntamos a los sicólogos, éstos nos hablan de la necesidad que tiene el niño de un amor expresado sensiblemente. Normalmente, el cariño de la mamá está asegurado, ya que una madre tendría que ser demasiado desnaturalizada para no expresar sensiblemente el cariño a sus hijos. Sin embargo, hoy también existe este problema, pues la mamá trabaja, está fuera del hogar, y así muchas veces deja insatisfecha esta necesidad de los niños, que no reciben entonces todas las caricias que deberían recibir de parte de su mamá. Este es un problema cada vez más agudo. Por otra parte, inclusive se llegan a dar casos en que las mujeres se ponen inyecciones para no tener que amamantar y así no perder su silueta... Son aberraciones contra la maternidad... De todas maneras, en la mujer no existe un peligro tan grande como en el hombre, pues a éste le cuesta mucho más expresar su cariño, tanto a su esposa como a sus hijos.

Recuerden la oración de "Hacia el Padre" donde se expresa: "así como la esposa anhela muestras de amor". Es un anhelo normal. El niño necesita ser regaloneado por el papá. Un niño que no ha sido regaloneado queda interiormente con una carencia respecto a su autoestima, a su aceptación en el mundo, a su experiencia de cobijamiento. ¿Cómo podré decirle mañana que él es como la pupila de los ojos de Dios Padre, que el Padre Dios lo quiere sin límites, si él no lo experimentó en su momento a través de las caricias de su papá? Porque su papá llegaba tarde, rendido y no quería que los niños lo molestaran; porque ese papá tomaba el diario o se instalaba a ver el partido de fútbol, hipnotizado por el televisor. Los niños necesitan el calor, el cobijamiento sensible de los padres, tanto del papá como de la mamá.

2) El pudor

Nuestro cuerpo, creado por Dios y llamado a ser templo del Espíritu Santo y miembro de Cristo, requiere todo nuestro respeto y un trato ennoblecedor. Pero hoy estamos inmersos en una cultura que tributa un verdadero culto al desnudo, a la provocación. Lo vemos en la televisión, en las revistas, en las películas, en los bailes, en la calle, por todas partes. Decir que el pudor se ha perdido de modo abismante en nuestra cultura es una evidencia que no necesita ser probada. Voy a leer una carta de alguien que respondió a una consulta realizada sobre el tema de esta jornada. Dice lo siguiente:

> Con respecto a qué otras cosas me gustaría se hablara en la Jornada de Dirigentes referentes al estilo de vida, si fuera posible le pediría tocar el tema de la sexualidad que usted sólo menciona en las otras charlas dadas para los matrimonios. No sé si en la Rama Familiar se ha tocado mucho. Hay grandes 'descriterios' no sólo respecto a la sexualidad antes o fuera del matrimonio sino, incluso, dentro del matrimonio. Ahí va un botón de muestra.
>
> Tiempo atrás, una persona del Movimiento me preguntó qué opinaba yo si para prepararse con el marido al acto sexual se podía ver un video pornográfico. Ella no lo tenía claro.
>
> Otra vez, estando de visita en casa de alguien de Schoenstatt, veo llegar a un chiquillo. Pasa a saludarnos y la mamá me lo presenta como el pololo de su hija, y cuál no sería mi sorpresa cuando le dice que pase a la pieza de la hija, porque estaba de vacaciones y aún no se había levantado.

En fin, es tal el descriterio que hay en esta línea que realmente me preocupa.

Sin ir más lejos, acabo de asistir a un curso de sexología dado en el Colegio XX (uno de los colegios católicos más importantes de Santiago) para apoderados de los alumnos del Primero Medio. Y quedé espantada por la falta de principios en los papás de los compañeros de mi hijo. Incluso yo estaba en desacuerdo con los criterios de los monitores. Entre otras cosas, plantearon como positivo que no debía haber tapujos en la familia respecto al sexo y que lo bueno era que todos se fueran bañando y ocupando el baño al mismo tiempo; que los hijos vieran a los padres desnudos y los hermanos de distinto sexo se vieran entre ellos como algo natural a cualquier edad. El pudor brillaba por su ausencia. La virtud de la pureza fue ignorada absolutamente en el curso.

Creo que en esta línea tenemos mucho que hacer entre los nuestros, en la Iglesia y en el mundo.

Lo otro que sugeriría es relacionado con lo anterior, respecto a la moda unisex. Encuentro que es alarmante ver a todos en nuestra juventud, hombres y mujeres, vestidos iguales. Puros bluejeans y polerones. Casi no se distingue si son hombres o mujeres, sobre todo en las fiestas de 14 años. Muchas veces me pregunto si los papás no estamos conduciendo a la juventud a una confusión de los sexos, de roles, de características, que incluso puede culminar en la aberración.

Finalmente, me preocupa la sociedad permisiva, donde todo se puede hacer, lo que uno quiere y cuando quiere. Nadie se sacrifica por ideales ni por los demás, mientras no vaya contra las leyes. Esto nos está llevando a una sociedad blanda, donde los individuos no tienen control de sí mismos y por eso son presa fácil de la droga, del alcoholismo, del sexo sin control, de la violencia, etc.

Son reflexiones que dan que pensar.

¿Cuál es la moda para vestir que adopta la juventud del Movimiento, o nuestros hijos? ¿Es una vestimenta que exalta la belleza, el pudor y la dignidad de la persona? ¿Corresponde al ser "hijo de Dios", o al ser "hijo de María"? ¿O estamos condenados a seguir una moda que rinde culto al desnudo, a veces disimuladamente pero para lograr un efecto aún más provocativo?

No creo que la Virgen se haya vestido en forma desastrada. Sin duda debió hacerlo de modo sencillo, pero con harto gusto. ¿No habría que despertar más creatividad en esta dirección? Es un desafío ... ¿Por qué todos los modistos tienen que ser como son?

Ciertamente no sacamos nada con imponer a los hijos costumbres que ellos no han asimilado y de las cuales no están convencidos. Si así hacemos, la pelea ya está perdida. Lo que no hacen delante de los papás lo harán en su ausencia. Todo lo que es impuesto por la fuerza, tarde o temprano se echa por la borda.

¿Cuáles son nuestras costumbres? ¿Nos mimetizamos? Hagan un test y vayan a una playa cercana, a Cachagua o Reñaca, por ejemplo. ¿Pueden distinguir a los schoenstattianos de los no schoenstattianos...? En Europa está la moda del topless, que ya es costumbre adquirida; mañana aquí será lo mismo. No tenemos por qué creer que no ocurrirá así. Las drogas, pensábamos, nunca entrarían en Chile. Ya existen, y existen en todas las clases sociales, desde los estratos más sencillos hasta la clase alta. Si no lo creen, pregunten en la Clínica Las Condes. Días pasados, un médico me contaba acerca de la cantidad de personas que llegan por problemas de drogas. Eso no existía antes en Chile, pero ahora sí existe. Tenemos un desafío tremendo ante nosotros.

Hoy los católicos no nos distinguimos de los no católicos en el modo de vestir, y tampoco los schoenstattianos de los no schoenstattianos. La gran mayoría compra los mismos modelos, ofrecidos en los mismos lugares... Sin darnos cuenta, nos vamos "mimetizando"... y las formas no marianas, como decíamos, minan el espíritu mariano que con tanto esfuerzo tratamos de encender en nuestros retiros, jornadas y reuniones.

3) Costumbres en el ámbito de la sexualidad conyugal y de la paternidad responsable

Este es un punto que debiéramos trabajar mucho más decididamente, sobre todo en la Rama Familiar. Pero no sólo en ella, sino también en la juventud, porque si no hay una preparación previa en la juventud, después todo resultará mucho más difícil. Por ejemplo, más adelante, cuando ya viven su matrimonio, si les hablamos de la regulación de la natalidad o de la abstinencia periódica, exigiendo ciertas conductas sin haberles dado antes una educación adecuada, simplemente sentirán la abstinencia como algo antinatural, como un peso enorme, como algo insoportable. Y será así porque no han desarrollado la cultura de las caricias de la que hablábamos recién, porque no han cultivado otra manera de expresar el afecto que no sea la sexual.

Este es un campo privilegiado donde Schoenstatt tiene que llegar a probarse. Es conflictivo y difícil, pero podría servirnos de termómetro para saber hasta dónde Schoenstatt ha penetrado realmente en nuestra vida.

¿Cómo abordan los schoenstattianos la regulación de la natalidad? ¿Qué costumbres tienen en este sentido? Una gran mayoría de los católicos no sigue la enseñanza de Humanae Vitae. Es una realidad y cabe preguntarse: ¿Cómo lo hacen los schoenstattianos?

Se suele decir: lo que la Iglesia propone es antinatural, utópico, impracticable, poco realista y poco seguro: *¿Cómo puedo aceptar algo –se aduce– que me coarta como una camisa de fuerza? Es utópico y no corresponde a personas normales; no puedo aceptarlo y, además, el sistema es poco confiable...* ¿Qué pasa entonces? Se usan los preservativos artificiales: píldoras anticonceptivas, etc., de lo que hay cada día una mayor oferta.

Quiero hacer tres observaciones en este campo.

Primera observación: En general, los métodos naturales se desconocen. Existen prejuicios, falta de información y de formación. Tenemos la gran responsabilidad de formarnos y de conocer bien este campo. El P. Kentenich, en la carta antes citada que envía al P. Tick, manifiesta precisamente que en la Obra Familiar sería necesario asumir la moral predicada en las Encíclicas Papales. En aquel momento, él se refería a *Casti Connubi,* pero lo mismo vale para *Humanae Vitae,* la que él no llegó a comentar.

¿Disponemos en Schoenstatt de instancias donde se puedan conocer los métodos naturales de regulación de la natalidad, tanto para los matrimonios como para los jóvenes que pronto contraerán matrimonio?

Una segunda observación: ¿Ha sido desarrollada una espiritualidad y una pedagogía de la regulación de la natalidad? ¿Hemos logrado realizar una acción educativa tal que se descubra la riqueza de la comunicación, del diálogo matrimonial, en el plano espiritual y en profundidad? Si no existe una comunicación personal en la pareja, un diálogo profundo, si falta la expresión sensible del afecto de la que recién hablábamos, si falta esa espiritualidad, entonces la regulación de la natalidad será siempre una cruz, algo psicológicamente dificil o imposible de practicar.

En este tema no podemos funcionar con la política de "los vacíos". Si quitamos o nos restringimos en algo es porque ponemos en su lugar otra cosa. La mera renuncia es insoportable. Por eso hay que educar, a fin de que no se genere un vacío que invite a ser llenado en otra forma.

Una tercera observación: En la vida conyugal, ¿hasta qué punto se integra la cruz y la renuncia ennoblecedora de la naturaleza? No hay cristianismo sin cruz; no hay ennoblecimiento de la naturaleza sin cruz. La cultura actual destierra la cruz, no la quiere. Es una cultura que no acepta todo lo que puede restringir su naturaleza: no acepta la "poda". "El Padre poda la vid para que dé más fruto..."(cfr. Jn 15, 2). Eso no lo quiere el hombre actual. Pero resulta que si no hay poda tampoco hay buenos frutos. Si la naturaleza no se corrige y sublima por el sacrificio, termina deshumanizándose.

Sin cruz, es imposible alcanzar una vida matrimonial sana. La regulación de la natalidad no puede prescindir de la cruz. Pero no es la misma cruz que lleva un monje, cuando se impone el silicio o realiza algún tipo de renuncia propia de su espiritualidad monacal; sin embargo, la espiritualidad laical, especialmente en este campo, también requiere asumir la cruz. Pero no se trata de una cruz enemiga de la naturaleza o que la aplasta, sino de una cruz que ennoblece.

¿Cómo integramos la cruz en nuestra vida matrimonial?

Es un gran desafío para nosotros, schoenstattianos, descubrir la grandeza de la sexualidad conyugal, el valor del instinto sexual en la relación matrimonial, es decir del acto sexual tal como Dios lo quiso y lo previó. Y al mismo tiempo, el desafío de asumir, en forma abierta y creyente, la moral proclamada por el Magisterio de la Iglesia. Pero no simplemente como una norma negativa y limitante, sino de modo ennoblecedor, como camino para alcanzar mayor plenitud en el diálogo conyugal y una santidad matrimonial más radical.

Los temas que estamos considerando deberían ser tratados en extenso. Pero en esta jornada no es posible analizarlos más a fondo.

4. Nuestras costumbres en el uso del lenguaje

Esto se relaciona en parte con lo anterior, pero se refiere a otros aspectos.

La forma en que hablamos no es indiferente. "De lo que habla la boca está lleno el corazón", dice el Señor (Lc 6, 45). Lo que sale de mi boca viene de lo que hay en mi corazón. El Señor dio criterios muy claros en ese sentido: "Vuestro lenguaje sea sí, sí, no, no" (Mt 5, 37). "El que es de la tierra es de la tierra y habla de la tierra"(Jn 3, 31). El apóstol Santiago dice que tenemos que ser prontos para oír, tardos para hablar. Y San Pablo: "No salgan de vuestra boca malas palabras"(Ef 4,29).

Queremos que en nuestro Movimiento, tanto en nuestra juventud como en nuestras familias, se hable un lenguaje mariano. Es decir, un lenguaje puro, limpio, digno y dignificante. Debe reinar un lenguaje veraz que exprese nuestro espíritu.

Supongamos que, aunque tengo un espíritu mariano y le rezo a la Mater, a mis obreros los trato a garabatos. Aquí hay algo que no calza. Pero esto sucede, y suele suceder –eso es lo grave– sin tener conciencia de que estamos haciendo algo que no corresponde. Nos parece natural. Cuando se conversa entre jóvenes, también parece natural que constantemente se traten de "tal por cual". Estamos saliendo del Santuario y pocos metros más allá usamos ese lenguaje. No existe conciencia de que es un lenguaje impuro. Nos hemos mimetizado y adoptamos inconscientemente una manera vulgar de hablar. Pero resulta que esa forma vulgar de hablar es educativa, ya que es el camino que conduce hacia un cierto espíritu: engendra un espíritu vulgar, no mariano. Si practicamos esa forma de hablar, terminaremos siendo espiritualmente vulgares casi sin darnos cuenta.

Adoptamos una forma inadecuada que va conformando nuestro espíritu y nos lleva a ser justamente lo que no quisiéramos ser. Subrepticiamente, por todos lados, se introducen otras costumbres que minan y carcomen nuestro espíritu mariano. Incluso a veces, cuando un niño dice garabatos, se le celebra: ¡Miren lo que dijo! Es una gran fiesta porque el niñito dijo la palabra. Es increíble, pero es así. Celebramos y avivamos a niños que dicen palabras groseras. Ellos aún no tienen idea de lo que dicen, pero ya están siendo marcados por una impronta. Lo malo es que a veces esas palabras las han aprendido de los papás: los niños repiten lo que escuchan...

¿Cómo es el trato entre nosotros? ¿Existe respeto? ¿Lo hacemos con lenguaje digno? Si yo le digo a alguien: "mira, tal por cual", ¿lo estoy dignificando? Esa persona ¿es realmente un "tal por cual"? Debemos sopesar lo que decimos. Lo estamos tratando así, y de tanto tratarlo así cultivamos una mentalidad, una cierta visión del hombre. No, no estamos dignificando, y menos aún cultivando un espíritu mariano. ¿Queremos realmente a la Mater? Entonces ello debiera reflejarse en nuestro lenguaje.

Antes era común que delante de la mamá y de las hermanas nunca se utilizara un garabato. Era algo sano, noble. Pero eso ya no es así. Si yo creo en la Mater, y también creo que está allí en el Santuario, ¿corresponde expresarse así? ¿Es coherente? Si sólo nos guiamos por el ambiente, es fácil justificar ese lenguaje, lo encontramos natural y no le damos importancia. Pero de ese modo no edificamos la cultura mariana que anhelamos.

San Pablo decía: "Que no salgan de vuestra boca malas palabras" (Ef4,29). Es decir, que de vuestra boca salgan palabras nobles, ennoblecedoras. El apóstol Santiago comenta:

> Si alguno no cae hablando, es un hombre perfecto, capaz de poner freno a todo su cuerpo. Si ponemos a los caballos frenos en la boca para que nos obedezcan, dirigimos así todo el cuerpo. Mirad también a las naves; aunque sean grandes y vientos impetuosos las empujen, son dirigidas por un pequeño timón adonde la voluntad del piloto quiere. Así también la lengua es un miembro pequeño y puede gloriarse de grandes cosas. Mirad, ¡qué pequeño fuego abrasa un bosque tan grande! Toda clase de fieras, aves, reptiles, animales marinos, pueden ser domados y de hecho han sido domados por el hombre. En cambio ningún hombre ha podido domar la lengua. Es un mal

> turbulento lleno de veneno mortífero. Con ella bendecimos al Señor y Padre y con ella maldecimos a los hombres hechos a imagen de Dios. De una misma boca proceden la bendición y la maldición. Esto, hermanos, no puede ser así. (St 2,310)

Como schoenstattianos, queremos tratar de dominar ese timón. Si de mi boca salen "copuchas", comentarios, pequeñas mentiras, entonces quiere decir que todavía el marianismo no ha impregnado íntegramente mi ser. Lo más grave, como todas las cosas, no es caer. Muchas veces caeremos, es preciso ser realistas. Lo grave es no dar importancia a un lenguaje vulgar, no darse cuenta que con ese modo de hablar traicionamos nuestro espíritu mariano y que lo tomamos como algo natural; que lo consideramos compatible con nuestra calidad y dignidad schoenstattiana. Eso es lo grave. Caídas, las tendremos muchas veces, porque somos débiles. Lo grave es acostumbrarse y rebajarse a un nivel que no nos corresponde.

¿Cómo hablamos? No sólo con palabras inconvenientes. Están también *los gritos.* Se grita tanto; los esposos se hablan a gritos o gritan a los niños. Pareciera que no se pueden entender si no es así. ¿Verdad que aquí hay algo que anda mal? No podemos tener un estilo de comunicación tal, ni entre nosotros ni tampoco con los hijos. Los hijos también son dignos, también merecen ser tratados con respeto y tal vez más que nadie.

"Que vuestro lenguaje sea sí, sí, no, no". Entonces, *cuando un schoenstattiano dice algo, su palabra vale.* Si digo que haré tal cosa; si me comprometo pero en realidad esa palabra interiormente es un "no me comprometo", o significa un "quizás", "veré", "según esté de ánimo"., si es así nuestro lenguaje, ése no es el espíritu del Evangelio ni el de Schoenstatt. Cuando la Mater da su "sí", éste permanece por toda la vida. Queremos aprender a guardar la palabra tanto en lo grande como en las cosas pequeñas, porque de otro modo ¿cómo lograremos que permanezca el sí de la fidelidad matrimonial? "Bien, siervo prudente y fiel, porque fuiste fiel en lo pequeño...".

La cultura actual es una cultura de la ambigüedad. Todo es posible, todo es relativo, todo es ambiguo. Puede ser un sí, como puede ser un no, según hasta dónde me duren las ganas... Esto se manifiesta, por ejemplo, en la manera de educar a los niños. A veces se les amenaza y se les dice: si haces tal cosa, tendrás este castigo. Resulta que esa palabra no se cumple, no tiene valor, y el niño, prácticamente desde que nace, se da cuenta que su papá y su mamá dicen una cosa y hacen otra. Le dicen algo, prometen y no lo cumplen. No es más que una simple amenaza, con lo cual se hace un daño tremendo al niño, porque se le introduce, ya desde la infancia, en esta cultura de la ambigüedad, del sí, "puede ser que sí, pero puede ser que no"; "depende"... "Que vuestro lenguaje sea sí, sí, no, no": un lenguaje veraz, un lenguaje mariano. Nuestra palabra vale. Si damos nuestra palabra, ésta tiene peso. De modo que cualquier persona puede decir de nosotros: "Si lo dijo es porque es así"; "si se comprometió es porque lo hizo de verdad"; "su palabra vale", "yo confío en ella".

¿Hemos creado un estilo en nuestro hogar respecto al lenguaje? ¿Se refleja en él un espíritu mariano, el aroma mariano? ¿Cómo debe empezar a gestarse la cultura mariana? Empieza en nuestros hogares, por la forma en que hablamos y nos expresamos, por el modo en que nos dirigimos a nuestros hijos; también por la forma en que los tratamos y en que nosotros nos tratamos mutuamente; además, por la forma en que tratamos a nuestros empleados o a la nana en nuestra casa...

5. Nuestras costumbres familiares en el orden religioso

Son muchas y muy valiosas. Quizás las cultivemos más que las costumbres en los otros órdenes mencionados. Costumbres que no se han perdido todavía, tales como enseñar a rezar a los niños. Lo común es que lo haga la mamá, pero, poco a poco, se ha ido creando la costumbre de que el papá también lo haga, que él rece con los niños en la noche, comprendiendo que no es sólo tarea de la mamá. Los niños deben ver que el papá reza, que no se avergüenza de hacerlo y que lo hace con gusto. También ellos experimentan cómo la familia se reúne a rezar en torno al Santuario Hogar... . Hay nuevas costumbres que se han ido introduciendo. El P. Miguel Ortega, por ejemplo, hizo un gran aporte con "El Pan de la Palabra", que se usa en numerosas familias.

Sin duda existen muchas cosas que hemos ido conquistando y que ya se han hecho costumbres: el rezo del rosario, la celebración del Mes de María en familia, la preparación de la Navidad. Pero debemos ir más allá todavía y preguntarnos: ¿Cuál es nuestra vivencia personal respecto al año litúrgico? ¿Cómo hacerlo vida en la pequeña "iglesia doméstica" que es nuestro hogar? Más allá de lo logrado, es preciso ir más lejos; por ejemplo, debemos lograr que la familia se reúna a comentar La Biblia. De suyo, esto debiera ser algo normal. Si la familia es una pequeña iglesia, corresponde –está en nuestro espíritu– que todos sus miembros compartan como familia la Palabra de Dios y que con nuestros hijos podamos reflexionar sobre esa Palabra. ¿No les parece que esto, personalmente y como familia, sería algo que nos enriquecería enormemente? Hagan la prueba alguna vez. Lean un trozo y pregunten a cada uno qué le sugiere. Hagan esa experiencia con sus hijos y podrán admirarse de la forma en que todos participan y las cosas que dicen. Los niños tienen muchas veces un sentido religioso mucho más profundo que los adultos. A la edad de 4, 5 y 6 años dicen cosas geniales porque tienen una intuición especial. Por ejemplo, se podría preparar de este modo las lecturas de la Misa dominical.

Los jóvenes no deben creer que me estoy dirigiendo a los matrimonios solamente, porque sucede que si hoy ellos no se preparan para conocer bien la Palabra de Dios, mañana, cuando se casen y tengan niños, ¿cómo podrán explicarles la Palabra de Dios? No podrán llegar a ser auténticos sacerdotes del hogar. Podrán contar cuentos de Caperucita Roja o entretenerlos en otra forma, pero no serán capaces de relatarles las historias de Sansón y Dalila, de David, de Caín y Abel, que son mucho más reales, más educativas y, además, pertenecen a la Revelación.

También se podría ir más allá respecto a las celebraciones litúrgicas en el hogar. Así como celebramos el Mes de María, el Adviento y la Navidad, ¿no podría darse algo semejante con otras fiestas del calendario litúrgico? Estas también debieran tener eco en la vida familiar. Por ejemplo, como hijos del Santuario Cenáculo, Pentecostés podría ser una fiesta especial en nuestro hogar. ¿Celebramos ese día? Posiblemente, en el mejor de los casos, sólo nos juntamos en Bellavista para celebrarlo, pero no lo hacemos en el seno del hogar. Además de ir a Misa, ¿no podríamos celebrar Pentecostés con los niños, en nuestro hogar, con otras formas originales? Podría ser con una imagen, pintando la paloma del Espíritu Santo, una llama de fuego, o con un pequeño canto al Espíritu Santo, etc. No es necesario que sea algo complicado, sino simple, pero vivencial.

Tenemos que crear otra cultura, una cultura que también comprenda lo emotivo, lo plástico, lo gráfico y lo sensible. Si no logramos crear algo en esta línea, nuestra emotividad será finalmente captada por lo que nos entrega la televisión y tantas otras fuentes. Esto vale especialmente para el campo religioso, ya que con meras ideas y reflexiones no llegaremos muy lejos.

Pensemos ahora en la Cuaresma. ¿Cómo celebramos este tiempo litúrgico en nuestra familia? Es una ocasión apropiada para enseñar la solidaridad con la Iglesia, por ejemplo, a través de las alcancías que se entregan en las parroquias o con otros gestos semejantes. Es posible llegar a incorporar el espíritu de este tiempo litúrgico, pero para eso hay que cultivarlo, explicar a los niños qué sentido tiene esa alcancía, con qué espíritu debemos reunir el dinero, es decir: motivarlos.

¿Cómo celebramos la Pascua de Resurrección? ¿Tenemos formas propias para hacerlo, más adecuadas que la de buscar simplemente huevitos de Pascua? Esta celebración no puede reducirse solamente a esta costumbre. Tenemos que crear formas propias adecuadas y no adoptar, sin más, costumbres que poco o nada tienen que ver con el misterio que celebra la Iglesia y que, muchas veces, sólo son motivadas por factores comerciales.

Por otra parte, ¿cómo lograr que el matrimonio rece en común? No sé cuál es la experiencia de ustedes. Lo que yo he podido captar es que a los matrimonios les cuesta rezar juntos. Parece que es más difícil de lo que se piensa. En todo caso, corresponde hacerlo. Debe ser normal que una pareja se manifieste en una oración en común, que exista una "oración de matrimonio", que al terminar la jornada recojan el día juntos, agradezcan al Señor y pidan por sus hijos. La forma en que lo hagan dependerá de cada pareja en particular. Tiene que ir gestándose una forma de oración en común y de oración con los hijos.

No podemos limitarnos, por lo tanto, a las celebraciones que se realizan en las reuniones, en las jornadas, o simplemente ir a misa. El trabajo de las reuniones y de los encuentros se prueba y se corona en el estilo y en las costumbres que logremos gestar tanto personalmente como en nuestro hogar. De tal manera que cuando alguien llegue de visita a nuestra casa, respire en ella una "atmósfera de Paraíso" y experimente cuán bueno es estar ahí, porque en ese lugar se da algo especial. Así tendría que ser nuestro hogar.

Esto es capaz de contagiar a otros, es lo que transmite una vida nueva y crea una atmósfera distinta. Es una irradiación que evangeliza. Se trata de transmitir, llevando a otros ámbitos costumbres diferentes en el trato con los hijos, en el diálogo matrimonial, en la forma de vestirse, en las celebraciones familiares, etc.

Abordar el tema de las costumbres, tal como hemos visto, nos permite hacer una radiografía personal y de la familia y, por otra parte, ir gestando un mundo nuevo. Esa es la misión que nos dejó el Padre en Bellavista. Que se haga palpable el "vivir orgánico" y que nadie nos pueda decir que el 31 de mayo es algo "complicado". Si alguien lo dice, nosotros podemos responderle: mira cómo vivimos, mira cómo hablamos, mira cómo nos amamos, mira cómo administramos nuestro dinero, mira cómo son nuestras costumbres... ése es el 31 de mayo vivido...

Estilo de Vida Mariano

Hna. María Angélica Infante

I. Introducción

1. El Padre nos ha convocado

Como dirigentes, en este Cenáculo de Bellavista nos hemos reunido bajo el siguiente lema:

"Padre, desde el Cenáculo,
Familia santa para Chile."

Pero no queremos quedarnos sólo en buenas intenciones: deseamos que este lema dé origen a vidas santas.

Este fue el tema de la charla de ayer, con la que el Padre Rafael nos abrió amplios horizontes, desplegando un extenso abanico de posibilidades para intentar, o seguir intentando, que Schoenstatt logre penetrar cada uno de los aspectos de nuestra vida. Ayer, todos sentimos que se colocaban pesadas tareas sobre nuestros hombros. Como alguien también lo dijo ayer, cada uno sintió que "le habían pegado en el lomo". Recibimos más de algún golpecito, pero esa poda es necesaria porque, sin ese desenmascaramiento, no es posible mirar desde cierta distancia lo que estamos viviendo. Es preciso dar un paso atrás, mirarnos a nosotros mismos y examinar si realmente estamos influyendo en el mundo o si, de alguna manera, sólo nos mimetizamos. Es bueno para nosotros detenernos y echar una mirada crítica sobre nuestra propia vida y nuestro entorno.

Pero no debemos quedarnos ahí. Es necesario dar un paso hacia adelante y eso es lo que haremos hoy, en esta misma mañana.

Queremos que el lema que nos ha congregado junto al Cenáculo se transforme en vida santa, en la *carta de recomendación que nuestro Padre necesita para su canonización.* Santidad por santidad. Nuestra propia santidad por la corona de santidad del Padre. Queremos que el carisma del Padre llegue *a la Iglesia a través de sus hijos.*

Este impulso de vida nueva tiene que llevarnos a conformar también un estilo de vida nuevo. *Por amor al Padre debemos llevar su misión a la Iglesia.*

Eso tiene que inquietarnos y urgirnos. Schoenstatt no necesita más palabras, necesita testimonios, necesita vidas santas en quienes mirarse y necesita vidas santas a quienes seguir.

Schoenstatt es un camino de santidad. Ese fue el tema de la Jornada del año 1992. El Padre Fundador concretó ese camino, en forma original, el 20 de enero de 1942. Su experiencia de Dachau nos dio una forma de vivir, de enfrentar y de plasmar un estilo de vida en un mundo adverso.

2. Qué es "Estilo de Vida"

En esta Jornada hemos querido dar un paso más. El inmenso anhelo por la santidad que se ha despertado no puede quedar sólo en buenas intenciones. Es preciso dar un paso en la encarnación.

Queremos forjar un estilo de vida diferente. Un estilo de vida no es simplemente una acumulación de propósitos pasajeros, sino que es la *forma original como se expresa un espíritu.* Es la forma creadora y singular en que se manifiesta el espíritu de Schoenstatt en mi vida. Es el modo como *se expresa mi ideal personal* en cada uno de los aspectos de mi vida.

El Padre decía "Schoenstatt soy yo". Del mismo modo, en cada uno de nosotros también se debe poder leer qué es Schoenstatt. No debiera ser necesario recurrir a libros para comprender cuál es el carisma que el Padre quiere regalar a la Iglesia. Eso tendría que leerse en la vida de cada uno de nosotros, de modo que pudiera decirse: si quieres saber lo que es Schoenstatt, mira a los schoenstattianos. Es en esto en lo que estamos empeñados, ya sea que vivamos en Valdivia o en Curicó, en el norte o en el sur.

Yo soy Schoenstatt en toda mi vida y no solamente cuando voy a una reunión o si estoy en el Santuario. Soy siempre Schoenstatt. Cuando duermo y cuando pololeo, si estoy trabajando o estudiando en la universidad. Soy Schoenstatt, tanto en las fábricas como en las oficinas. Y esto sólo lo puedo decir si *Schoenstatt ha impregnado todo mi ser.*

3. Relación entre Espíritu y Forma

Siempre habrá tensión entre espíritu y forma. *Las formas deben expresar el espíritu* porque el espíritu se *protege y asegura* con las formas. Si el espíritu no se encarna en una forma, a la larga se debilita, porque las formas *alimentan* el espíritu. Alguien decía: "No solamente un hombre piadoso hace una profunda genuflexión sino que una profunda genuflexión hace a un hombre piadoso".

También una forma de vida no adecuada puede imprimir en nosotros algo que no deseamos. Ayer mismo, el Padre Rafael nos decía que un lenguaje vulgar imprime y cultiva en nuestra alma un espíritu vulgar.

Al mismo tiempo, cuando la forma no está animada de espíritu, estamos ante una cáscara destinada a caerse y a quebrarse. Cuando estamos solos o en un ambiente adverso, realmente podemos llegar a darnos cuenta si lo que hacemos ha sido verdaderamente conquistado desde lo más profundo de nuestro ser. Allí se puede ver entonces si algo es propio o si sólo está pegado a nuestra epidermis.

Ayer comprendimos muy claramente la necesidad de ir plasmando el espíritu en formas adecuadas y, al mismo tiempo, de alimentar con el espíritu de Schoenstatt las formas ya adquiridas.

II. ¿Cuál es el espíritu que debe animar nuestras formas de vida?

Lo mariano.

Ahora bien, podemos preguntarnos cuál es el sello original que nos diferencia de los jesuitas o de los franciscanos. Cuando decimos: "esta persona es del Opus Dei", manifestamos de este modo que algo la caracteriza. ¿Qué es entonces aquello que a nosotros nos caracteriza como schoenstattianos? Es decir, ¿qué es lo que nos aglutina?, ¿qué es aquello por lo que nos reconocemos como miembros de una misma familia, con rasgos semejantes? ¿En qué reside?

Preguntemos al Padre acerca de los rasgos que han de aparecer en nuestro estilo de vida. El habló sobre este tema en Roma, en 1965, cuando regresó del destierro. Nos dice así:

> ¿Cómo es este estilo de vida que queremos vivir en Schoenstatt? ¿Qué espíritu queremos representar, encarnar en la vida? Queremos representar el espíritu mariano de acuerdo al tiempo. Queremos ser *vivas imágenes de María de acuerdo al tiempo.* Ese es el espíritu que debe animar nuestro estilo de vida. (Roma 1965)

Y también manifestó en otra oportunidad:

> Si debemos educar a congregantes de ambos sexos, queremos educarnos a nosotros mismos con una educación mariana. Entonces, al vernos, la gente tendrá que decir: "esta persona representa la pureza de la Sma. Virgen". O también, como nosotros solemos decir: "hemos encontrado a la Sma. Virgen en esta persona". Ella se nos aparece cada vez que encontramos a una persona que lleva la impronta de María. (Educación Mariana para el hombre de hoy, 1934)

1. ¡Que surja María!

Este es el espíritu que anima nuestro estilo de vida: *¡Que surja María!*

Cada uno de nosotros lleva la impronta de María en la frente. Su faz debe reflejarse en nosotros. Si somos dirigentes, cada una de las personas que pertenece a nuestra Rama tiene que ver a María en nuestro rostro. Cada encuentro con el Jefe o Jefa de Rama, sea de la juventud, de los hombres o de los matrimonios, profesionales o señoras, debe constituir un encuentro con María.

El Padre lo dice refiriéndose no sólo a las mujeres, sino también a los hombres. Lo expresó en pláticas dadas en Milwaukee a sus feligreses, el 9 de septiembre de 1962. El día anterior, es decir el 8 de septiembre, había sido la fiesta de la Natividad de la Virgen y luego venía la fiesta del día 12, "el Nombre de María". El Padre fundador dice en esa ocasión:

> Cuando rezamos "Eterno Padre Dios, pronuncia tus palabras de omnipotencia, de misericordia y de amor para que todos nosotros lleguemos a ser una pequeña imagen de María", entendemos esa súplica si son mujeres las que rezan y se expresan de ese modo. Pero, ¿qué significan estas palabras en boca de un varón?: Eterno Padre Dios, pronuncia también para mí, como varón, las palabras de tu omnipotencia y de tu amor: ¡que surja, también en mí, la pequeña María!
>
> En labios de la mujer esto significa: La Santísima Virgen es para mí la representación femenina de la figura de Cristo. Por tanto, si como mujer, como joven, deseo saber de qué forma debo encarnar la imagen del Señor, sólo necesito mirar el rostro y la vida de la Sma. Virgen. No preciso filosofar largo y tendido; mirándola a ella, sé cuál es la representación femenina de la imagen de Cristo.
>
> Pero si rezo como varón, ¿qué significa esta petición? En tal caso quiere decir, primaria aunque no exclusivamente: Regálame tu apertura y receptividad creatural no sólo ante el Padre de los cielos, sino también –y especialmente– ante Cristo. Como criatura, deseo estar abierto a Cristo tal como la Sma. Virgen estuvo abierta a él.
>
> A partir de esto también podemos comprender que, como varones, no sólo debiéramos implorar esta receptividad de la Sma. Virgen ante Cristo, sino que, igualmente, debiéramos encarnar, en nuestro ser, parte de la imagen

de María. (…) ¿Qué significa llegar a ser una pequeña María? Respondemos: significa llegar a convertirse, por obra del poder y del amor divinos, en una imagen lo más perfecta posible de la Sma. Virgen, tanto en nuestro ser como en nuestro actuar. (…) Cristo clama en sus miembros, sobre todo en nuestros hijos, en mí mismo, aun cuando soy padre, por una madre, por su madre. Por eso yo también, como padre, como varón, tengo que desarrollar una función maternal respecto a los hombres, a los miembros de Cristo.

En esa misma plática, el P. Kentenich reproduce las siguientes estrofas:

Que surja la pequeña María,
enteramente soberana, noble y pura,
resplandeciente en su medio,
siendo propiedad sólo del Padre.

Que surja la pequeña María,
enteramente dócil, bondadosa y clemente,
que, cobijada en el seno del Padre,
realiza siempre su voluntad.

....

Que surja la pequeña María,
que, íntegra y fuerte en el sacrificio bajo la cruz,
con heroica actitud filial,
todo lo entrega al Padre.

Que surja la pequeña María,
semilla orante silenciosa,
en intimidad con Dios,
en su soledad sólo unida al Padre,
penetrada por la luz divina.

Que surja la pequeña María
toda santa y rica en gracias,

encendida por el amor del Padre,
a semejanza de la Sierva del Señor.
(*¡Que surja la pequeña María!* Ed. Patris, Serie Prédicas Nº 3, pag. 5-7)

Los hombres también tienen que desarrollar la expresión delicada del afecto. Aprendemos de María toda expresión de ternura y de afecto que hay en su corazón maternal. Un hombre mariano también tiene que tener los rasgos de ternura de María y del respeto de María. Esto vale para el hombre y para la mujer. ¡Que surja en nosotros María, tanto para el hombre como para la mujer!

2. Es fruto de la Alianza

Como decía el Padre: *"quien me mire, te vea"*. Llevamos en el corazón y en la frente esa impronta de María. Hemos sellado una *alianza* de amor con Ella y Ella ha comenzado a realizar esa tarea, como madre y educadora.

¡Cuántos rasgos de María ya han comenzado a surgir en nosotros desde que sellamos la Alianza de Amor! Para nosotros, como asesores, la experiencia más linda es ver surgir los rasgos de María en el corazón de cada uno de ustedes. Se percibe ese espíritu que los va animando y se refleja en la luminosidad de sus ojos, en la sencillez de su rostro; todos sus rasgos van adquiriendo delicadeza, haciéndose más transparentes, más puros y sencillos, más niños. Ese es el gran encanto que explica por qué nunca nos cansamos de trabajar en Schoenstatt. Diariamente y muchas veces, uno es testigo de ese nacimiento de María en el corazón de cada uno de ustedes. Mientras estábamos conversando sobre este tema, una Hermana contó esta anécdota: en un encuentro de dos señoras, una le dijo a la otra: "¡Te noto tan bien!, ¿a dónde estás yendo?, ¿a qué salón de belleza vas?,

¿qué dieta estás haciendo?". Y la otra respondió: "No estoy yendo a ninguna parte. Simplemente entré a Schoenstatt. ¡Es Schoenstatt quien me tiene así!".

Este espíritu mariano que empieza a surgir en nosotros, es el que nos da ese nuevo estilo de vida.

III. El sentido de nuestro Estilo de Vida

1. Con María, dar a luz a Cristo

¿Cuál es el sentido de nuestro estilo de vida? *Es hacer presente a María en medio del mundo para que Ella dé a luz a Cristo, en nosotros y en el mundo.*

Es importante llegar a comprender que éste es realmente el sentido de nuestro estilo de vida. No se trata de definir las mejores o las peores formas, formas más o menos prácticas. Todo es aceptable. Pero es preciso recordar el sentido que deben tener nuestras decisiones. Por ejemplo, cuando resolvemos no hablar con garabatos, o cuando pretendemos purificar la forma de entregarnos a otro o de divertirnos, el sentido de todo esto es que estamos ayudando a que María aparezca en medio del mundo.

Cualquiera sea la decisión adoptada en el estilo de vida, grande o pequeña, estamos dando un paso para que María aparezca en nosotros, a fin de que Cristo pueda surgir en el mundo.

Si María está presente en medio del mundo, si está presente en nuestro corazón, Ella dará a luz a Cristo. *Esa era la gran intención de nuestro Padre* y ésa es su gran misión mariana.

El Padre captó profundamente cuál era la posición que Dios asignó a María en medio del mundo, en el plan de salvación. El Padre la vio como compañera y colaboradora de Cristo en la hora de la redención.

2. Es asumir la misión mariana del Padre Fundador

El Padre fue un apóstol de María. El entregó todas sus fuerzas por dar a conocer a María, poniéndonos en contacto con Ella, para ser educados según su imagen. El Padre estaba urgido por esa misión, y cuando vino a este continente, manifestó: *vengo a buscar aliados para mi misión.* ¿Qué misión? Tirar el carro de triunfo de María, hacer presente a María en medio del mundo, educar imágenes de María. El Padre decía: Toda mi vida se justificaría si lograra plasmar en una sola persona los rasgos de María.

Cuando tomamos decisiones respecto al estilo de vida, estamos plasmando los rasgos de María en nosotros. Y de este modo damos una gran alegría a nuestro Padre, sumándonos a su gran misión mariana; estamos haciendo realidad la misión mariana del Padre.

3. Es una manera de evangelizar la cultura

Si somos imágenes de María –dice el Padre–, tendremos la función de María, que es llevar a Cristo, dar a luz a Cristo. Esa es la gran misión mariana a la que el Padre nos invita. Por eso nuestro estilo de vida tiene un *carácter evangelizador.*

Cada decisión que hemos tomado sobre el estilo de vida y cada costumbre asumida, son una forma de devolver al mundo el orden querido por Dios. Así ordenamos nuestra vida según Cristo y construimos a nuestro alrededor el reino de Cristo. Este es el sentido de nuestro estilo de vida: *ordenar nuestra vida según Cristo.*

Es el modo en que *evangelizamos nuestra cultura.* Ser María en medio del mundo, es devolver al mundo el orden querido por Dios. Por eso debe animarnos una *conciencia de misión.* En cada decisión se juega la misión de Schoenstatt. Se nos juzgará por nuestra vida: "Por sus frutos los conoceréis" (Mt. 7,16). Traer a María en medio del mundo es revivir a María en nosotros para que Ella pueda cumplir su misión de dar a luz a Cristo. Si lo hicimos, hemos cumplido nuestra misión.

4. Implica tener conciencia de misión

Necesitamos esa profunda conciencia de misión porque la tarea será difícil. Optar por un determinado estilo de vida, ya sea en el pololeo o procurando una paternidad responsable, eligiendo un modo de vestir o una manera de divertirse, todo esto significará una decisión heroica. Es una decisión que adoptamos *iluminados por la fe,* conscientes de que estamos ayudando a María, compañera y colaboradora de Cristo, a redimir el mundo, dándole el orden querido por Dios. Muchas veces significará optar por una minoría y ser rechazados como pájaros raros. Sin embargo, sabemos que esa decisión tiene un valor salvífico porque María, en mí, en cada uno de nosotros, dará a luz a Cristo.

IV. Nuestro Estilo de Vida es fruto de la Alianza de Amor con María

Nuestro estilo de vida es fruto de la Alianza de Amor con María. Es eso lo que permite aspirar a tener un estilo mariano de vida y ser María en medio del mundo. Hemos sido llamados a definirlo en Alianza de Amor con Ella.

¡Que surja María en este mundo! Pero *nada sin ti y nada sin mí.* Ella hará posible este cambio en nosotros y nos infundirá ese valor.

1. Consecuencias de la Alianza de Amor

En la Alianza de Amor iremos *traspasando nuestros bienes, nuestros valores e intereses, nuestro corazón. En la Alianza de Amor nuestro corazón comenzará a latir al unísono con el corazón de María y en esa medida será María.*

El Padre decía: "Yo llegué a una identificación tan profunda con María, que ya no era yo quien vivía, sino que era Ella quien vivía en mí". Así era nuestro Padre y por eso su persona nos fascinaba: el encuentro con él significaba una irrupción de Dios. Donde está María irrumpe el Espíritu Santo: ese era el gran secreto del Padre. Esa era "el alma del alma" del Padre.

Nuestra Alianza de Amor capta *la fuerza fundamental del amor que hace posible esa conversión.* Esto nos exigirá una profunda y seria autoeducación, que nos costará realizar y hasta puede llegar a doler. Pero el éxito no se juega tanto en lo que nosotros hagamos o en nuestra razón. Se juega en lo que nosotros amamos. Nuestros valores son nuestros amores. Estamos dispuestos a jugarnos por aquello que amamos y no solamente por aquello que reconocemos como un bien. Si logramos amar el bien, podremos jugarnos por el bien. En la medida en que nuestro amor sea profundamente captado por María, podremos llegar a ser María.

2. Fuerza unitiva y asemejadora del amor

El amor tiene una doble fuerza: unitiva y asemejadora a la vez. Hace que aspiremos a estar junto al ser amado. Todos hemos sentido la fuerza del amor: la fuerza del amor conyugal, la fuerza del amor fraternal, la del amor filial, la fuerza del amor paternal o maternal. Cuando amamos, todos hemos visto que adquirimos una nueva fuerza que nos permite comenzar siempre de nuevo para transformarnos en el ser amado. Así los valores se van *traspasando* a nuestro corazón.

Cuando amamos profundamente a una persona, los rasgos de su alma van siendo nuestros propios rasgos. Por eso el Padre decía: *a través de una honda vinculación de amor van surgiendo actitudes semejantes a la persona que amamos.* Si amamos profundamente a María, su actitud irá apareciendo en nuestro ser, en el corazón.

La medida del amor es la de la *semejanza.* Cuántas veces, en una pareja que se ama, advertimos que lentamente comienzan a asemejarse; en los rasgos de él descubrimos los de ella, e igualmente a la inversa. Esta es *la fuerza irracional del amor* que nosotros queremos vivir en la Alianza de Amor con María. Es por eso que este estilo de vida es fruto de la Alianza de Amor.

Junto con tomar decisiones para adoptar un cierto estilo de vida en diversos ámbitos, debemos preocuparnos que el *amor a María* crezca. Tenemos que dejar que su imagen penetre nuestro corazón y nuestra mente.

Pensemos en la actitud de María después de la Anunciación. Parte presurosa y atraviesa una zona montañosa para servir a su prima Isabel. Recordemos cómo vivió María ese tiempo de Belén que significó pobreza y rechazo de tantos hogares. Fueron horas de una gran vivencia y contemplación del Dios que tenía en sus brazos. Piensen también en María como compañera de Cristo y colaboradora que se hace presente ante las necesidades de los hombres, tal como ocurrió en las bodas de Caná. Ella está alerta frente a los apuros de los demás y nos conduce a Cristo, para hacer lo que El nos diga. Piensen igualmente en la actitud de María de pie junto a la cruz. Erguida, llena de fortaleza, y al mismo tiempo con su corazón de madre desgarrado; pero el amor es más fuerte. El amor a su hijo le hacía permanecer de pie para infundirle ánimo. Ella era la gran patena en la que se ofrecía Cristo. Pensemos finalmente en María en el Cenáculo, cuando recibe a todos los apóstoles, débiles, llorosos, huérfanos, dándoles un hogar en su regazo e implorando para ellos el Espíritu Santo. Junto a Ella, se convertirán en apóstoles valientes, capaces de dar la vida por Cristo.

Esta es María hoy. Tal como tiene que aparecer en nosotros y caminar por la vida. Debemos dejar que esta imagen de María penetre en nuestro ser y contemplarla hasta poder decir: ¡Qué hermosa eres Madre! ¡Qué gran Madre hemos recibido!

Este estilo de vida tiene que surgir a través de un profundo diálogo. ¿Cómo lo harías tú? ¿Cómo pololearías o te vestirías? Cuando nos miremos al espejo, así veremos reflejada a María.

Por eso, cada una de las decisiones que adoptemos tiene que ser con esa profunda conciencia de misión y al mismo tiempo con un profundo amor: cada decisión es un regalo para ti, María, porque te amo, porque tú eres mi Madre, porque a ti te lo debo todo, tal como decía el Padre.

El confesaba: todo lo que he sido y he hecho en mi vida se lo debo a María. Si cada uno mira hacia atrás en su vida, también puede decir: todo lo que soy, todo lo que tengo, te lo debo a ti, María.

Y mi Deo Gratia es mi felicidad. Mi Deo Gratia es tomar esas decisiones para que tú puedas aparecer en mí. Lentamente vamos haciéndole regalos a María a través de esas decisiones.

El Santuario es el *taller de María,* donde Ella va forjando este hombre nuevo, modelándolo según Cristo. Entonces, desde el Santuario no sólo saldrán "Vírgenes Peregrinas", sino que Ella saldrá también a peregrinar por el mundo en nosotros mismos.

El gran anhelo del Padre era inscribirnos en el corazón de María, es decir inscribir a cada uno de sus hijos en el corazón de María, a sangre y a fuego. Las inscripciones que no se borran son las que se hacen a sangre y fuego. Si así nos inscribimos en el corazón de María, sus rasgos irán apareciendo muy pronto en nosotros. Es en su corazón donde nos toma ese gran remolino del amor que es el Espíritu Santo. María, que es la gran Educadora, actúa en su taller obrando grandes milagros.

V. La impronta mariana que debe animar nuestro Estilo de Vida

1. Un estilo de vida que domina la vida

¿Cuáles son esos rasgos de María que tienen que ir apareciendo en esta familia de Schoenstatt, en esta Familia mariana del Padre? Oigamos nuevamente al Padre:

> ¿Qué es un estilo de vida mariano? Es un estilo de vida puro, maduro, fuerte; un estilo de vida realista, que domina la vida. ¿Cuál es la actitud de María frente al pecado, frente al sufrimiento, frente a la limitación humana? Si tengo la actitud de María, mi estilo será puro, será maduro, será fuerte, será un estilo de vida realista que dominará la vida. (Educación para el hombre de hoy, 1934)

El Padre daba mucha importancia al hecho de que fuera un estilo de vida realista, que dominara la vida. Schoenstatt nos proporciona los medios para que logremos dominar la vida y seamos personas fuertes, capaces de estar en medio de este mundo y llevar el mensaje. No debemos vivir encerrados en cápsulas de cristal.

2. Aseméjanos a ti

Si queremos concretizar más aún este tema, leamos una estrofa del Cántico del Instrumento:

> *Aseméjanos a ti y enséñanos*
> *a caminar por la vida tal como tú lo hiciste:*
> *fuerte y digna, sencilla y bondadosa,*
> *repartiendo amor, paz y alegría.*
> *En nosotros recorre nuestro tiempo*
> *preparándolo para Cristo Jesús.*

El Padre Fundador escribió estas palabras en Dachau. Todo lo vivió en el campo de concentración, donde la situación le exigía ser un mártir, dispuesto a entregar día a día su vida para que María se manifestara allí. A nosotros también nos toca otro Dachau, en el medio adverso que debemos enfrentar.

3. Dignidad y nobleza marianas

El Padre nos enseñó a rezar de este modo: "...enséñanos a caminar por la vida como tú lo hiciste: *fuerte y digna, sencilla y bondadosa, repartiendo amor, paz y alegría...* ". Y precisamente ésos son los rasgos que tienen que ir apareciendo en nosotros.

Podríamos preguntarnos, ¿en qué radicaba la dignidad de María? Radicaba en el hecho de sentirse hija de Dios. Se trata de una vivencia profunda: "soy hija de Dios, soy hija de rey". Esa es la dignidad del hijo, y también nosotros nos sentimos hijos muy amados de Dios. Dios tiene así complacencia en nosotros. En este sentido, recuerden la complacencia que Uds. mismos experimentan en sus hijos. En ese sentirse hijo de Dios reside mi valor y mi dignidad, y de ahí también surge el respeto y la delicadeza, tanto conmigo mismo como en el trato con otros. Eso impregna la manera de vestirme, mis gestos y mi modo de hablar. Así era el sentimiento vital de María.

El mundo necesita que María lo recorra, porque el mundo necesita ser ennoblecido y elevado. Vivimos en un mundo muy vulgar donde nadie se reconoce con un valor original. Estamos viviendo una cultura de desecho, y allí lo que no sirve se reemplaza de inmediato. Pero un hijo no se reemplaza, ya que un hijo es único e irrepetible.

Vivir la dignidad de María significará decir "no" a muchas cosas y, al mismo tiempo, decirle "sí" a vivir a otra altura.

4. La fortaleza de María

La *fortaleza de María* también radicaba en su sencilla filialidad que le permitía entregarse confiadamente a Dios Padre. Ella podía decir: "Todo lo puedo en aquel que me conforta". El que sólo confía en sus propias fuerzas se condena a sus propios límites. En cambio, si nos entregamos confiadamente en las manos de Dios, somos capaces de enfrentar el mundo porque hay un Padre que vela por nosotros. Hay un Padre que nunca duerme y que me cuida siempre.

El Padre decía que esa fortaleza, radicada en la sencilla confianza de hijo, tiene que manifestarse en el servicio eficaz. Podemos entonces servir con fortaleza y sobrellevar el sacrificio que nos demanda esta vida. Eso es dominar la vida.

Estas "imágenes" de María, que así recorren el mundo, no están hechas de "alfeñique" ni de "merengue". El Padre expresaba muchas veces que necesitamos personas con la fortaleza de María. Eso no significa vivir con los dientes apretados, o reprimidos. Es una fortaleza que viene de entregarse en las manos del Padre. De este modo se logra la capacidad de asumir con alegría todos los grandes sacrificios que la vida nos exige.

5. Sencilla y bondadosa

"Fuerte y digna, sencilla y bondadosa". La *sencillez de María* significa transparencia, y no apariencia. Hoy vivimos en un mundo que hace lo imposible por aparentar más. Todos buscamos aparentar y vivimos compitiendo por alcanzar una cierta imagen externa. En el mundo de hoy, el hombre vive una fachada que esconde gran inseguridad por dentro.

La sencillez tiene mucho que ver con humildad, con autenticidad, con ser de un sólo cuño en todas partes. El Padre decía: Aquello que hago cuando nadie me ve es lo que más forma el alma, es lo que verdaderamente me ha penetrado. Dios me está viendo siempre. María es mi testigo, vaya a la cama o al altar.

"Sencilla y bondadosa". La *bondad de María* tiene que ser nuestro rasgo característico. Es ese espíritu positivo que es capaz de dar lo mejor de sí mismo. A veces nos quedamos en lo negativo y nuestras relaciones son duras, porque estamos a la defensiva.

Si somos capaces de sacar lo mejor de nosotros, podemos ir al encuentro del otro con alegría. No se trata de ser ciegos y no ver lo negativo. A veces tenemos un defecto ocular, que no se corrije con lentes sino que se logra sólo con la transformación del corazón. Cuando aplicamos un tratamiento al corazón, los ojos se limpian.

Tenemos que ser personas bondadosas. ¡Cuánto necesita el mundo este aporte positivo de alegría y de optimismo! Qué importante también es tener un corazón agradecido; ser una persona con el atractivo que no proviene de su exterior sino que surge de esa nueva forma de mirar a las personas y a los acontecimientos. Dios nos regaló ojos para que podamos descubrir que estamos viviendo en un universo maravilloso, del que Bellavista es un buen reflejo. Este mundo de Schoenstatt es esta tierra asoleada a la que debemos dar forma; debemos llevar la imagen de Schoenstatt en el corazón para poder plasmar el mundo.

VI. Conclusión

¡Que Surja María!

¡Que surja María! ¿Cómo podemos llegar a ser esta imagen de María? Nuevamente se lo preguntamos al Padre y él nos dice:

> Sin embargo, al ver ante nosotros esta imagen maravillosa, surge la pregunta: ¿cómo podemos llegar a ser una réplica admirable de la gran María? A ello responde el pensamiento que recién describí. Sólo lo podemos en virtud de las palabras de la omnipotencia y del amor del Dios eterno. Podremos luchar y esforzarnos todo lo que queramos por reproducir en nosotros la imagen de la Sma. Virgen, pero si Dios no pronuncia sus palabras de omnipotencia y de amor –"¡que surja la pequeña María!"–, jamás esta imagen tomará cuerpo y forma en nosotros.

En nuestro Santuario Cenáculo, necesitamos implorar un milagro de transformación. Necesitamos el Espíritu Santo. Dejemos que el Padre nos revele lo que se produce en el Cenáculo. El nos dice:

El sol se encamina al reposo y nos invita
a dirigir hacia el Cenáculo la mirada.
Allí, para la Iglesia
imploraste al Espíritu Santo,
quien la liberó de las miserias de la mediocridad,
la inició en la doctrina de Cristo
y avivó en ella
el espíritu de apóstoles y de mártires.

También así quieres actuar en nuestro Santuario
fortaleciendo la fe
de nuestros débiles ojos,

para que contemplemos la vida
con la mirada de Dios
y caminemos siempre bajo la luz del cielo.

Haz que esa luz me ilumine,
y mire con fe
cómo el amor del Padre
me acompañó en este día.
Fidelidad a la misión
sea mi agradecimiento por sus innumerables dones.
(Hacia el Padre, pág. 70 - 71, nn. 211-214)

Así, implorando al Espíritu Santo que la Mater nos regala en su corazón, en el Cenáculo, podremos caminar por la vida "fuerte y digna, sencilla y bondadosa, repartiendo amor, paz y alegría, preparando el tiempo para Cristo Jesús". Este es el regalo a la Iglesia en esta hora de Nueva Evangelización. Esta es nuestra forma de evangelizar la cultura.

Talleres
Pauta para su Realización*

Los temas tratados en este capítulo permiten su utilización en reuniones de grupo o talleres. A fin de facilitar ese tratamiento, a continuación se ejemplifica el desarrollo de talleres, referidos a dos aspectos realmente importantes en la vida familiar de un cristiano. El primero de ellos considera nuestra actitud frente al dinero y los bienes materiales y el segundo enfoca diversos aspectos de la oración como parte importante del estilo de vida.

Taller 1

Nuestro Estilo de Vida, como familia, en relación al dinero y a los bienes materiales

Objetivo del Taller

- Elaborar un estilo de vida personal y familiar que responda a las exigencias del Evangelio y al espíritu propio de Schoenstatt, en relación a la posesión y uso del dinero y de los bienes materiales. Esto, considerado en tres dimensiones: como persona, como matrimonio y como familia.
- Tomar conciencia de lo que ya hemos logrado en este sentido, confrontándolo con los criterios evangélicos,

* Material de Trabajo de la Rama Familiar, Zona Cordillera, Santiago.

revisando a la vez nuestras costumbres actuales y valorándolas de acuerdo al ideal schoenstattiano.

- Adoptar como persona y como matrimonio un camino concreto para el cultivo de costumbres en este campo.

Desarrollo del Taller

1. Preguntas sobre nuestra actitud y modo de enfrentar al consumismo reinante

1.1. Revisión:

- En nuestro medio, ¿cómo nos afecta el consumismo? Dar ejemplos.
- Cuando compramos cosas, ¿lo hemos pensado y decidido previamente? ¿O sólo nos dejamos tentar por las presiones del mercado? ¿Nos dejamos influenciar demasiado por el hecho de que otros ya poseen ese equipo, ese auto o cualquier otro objeto?
- ¿Nos endeudamos más allá de nuestras posibilidades reales?
- ¿Centramos nuestro esfuerzo en aumentar nuestros ingresos para poder adquirir más cosas, aun a costa de nuestra relación de pareja y de la cercanía a nuestros hijos?
- ¿Acumulamos objetos, prendas de vestir, etc., ya sea para nosotros, para nuestro hijos o para la casa?
- ¿Nos desprendemos de lo superfluo?
- ¿Tenemos tendencia a despilfarrar nuestros recursos en cosas superfluas o lujosas? Por ejemplo, ¿en alimentación, ropa, vivienda, diversión, regalos, ornato, automóvil, etc.?

1.2. Sugerencias:

- Como matrimonio, elaborar un presupuesto anual y otro mensual que correspondan a un estilo de vida claramente querido y esperado y que responda a un espíritu de pobreza mariano y apostólico.
- Conversar con los hijos sobre este estilo y plantearles explícitamente el problema del consumismo. Pedirles opiniones y aclarar con ellos los criterios.
- Hacer una revisión anual de nuestro closet y desprendernos de todo lo que de hecho no usamos o usamos escasamente y que, además, puede ser útil a otras personas que no tienen o tienen menos que nosotros.
- Elegir algún elemento que contribuya a asegurar nuestro espíritu de pobreza como familia. Podría ser renunciar a algo que de suyo es útil pero que no es indispensable.

2. Preguntas sobre la administración del dinero

2.1. Revisión:

- Como esposos, ¿existe transparencia entre nosotros respecto a los ingresos?
- ¿Nos consideramos ambos con derecho a disponer de esas entradas? ¿Hacemos por lo tanto una planificación en común y una repartición de las responsabilidades concretas que debe asumir cada uno en particular? ¿Tomamos las decisiones de mutuo acuerdo?
- ¿Damos una mesada a nuestros hijos? ¿Qué criterios aplicamos al respecto? ¿Fomentamos en ellos la corresponsabilidad? ¿Cómo los educamos para administrar el dinero?

2.2. Sugerencias:

- Conversar una vez al mes sobre nuestros gastos y tomar decisiones en común para el mes próximo.
- Asignar a los hijos una mesada.
- Cuando ya los hijos están en condiciones de hacerlo, moverlos a desarrollar un trabajo remunerado, por ejemplo en las vacaciones.

3. Preguntas sobre la generosidad y la solidaridad

3.1. Revisión:

- ¿Estamos conscientes de la dimensión social de nuestro dinero?
- Además de proveer lo necesario para nuestra familia y de reservar un ahorro prudente, ¿qué hacemos con las ganancias que obtenemos? Especialmente
- respecto al sueldo de nuestros empleados;
- respecto a otras personas o familiares que padecen necesidad.
- ¿Cuál es nuestra disposición práctica respecto a la necesidad de compartir?

3.2. Sugerencias:

- Después de haberlo conversado y discutido, elegir un aspecto concreto que asegure nuestra actitud de solidaridad en relación a los bienes materiales.
- Concebir algún medio que contribuya a incentivar en los hijos la generosidad y la solidaridad.

4. Preguntas sobre el cultivo del espíritu de pobreza familiar en nuestros hijos

4.1. Revisión:

- ¿Cómo transmitimos a nuestros hijos el ideal evangélico de desprendimiento, de sobriedad, sencillez y renuncia a los bienes materiales? ¿Cómo cultivamos en ellos la actitud de generosidad y de solidaridad?
- ¿Cómo prevenimos el peligro de que nuestros hijos sean arrastrados por la corriente consumista que los rodea?

4.2. Sugerencias:

- Comentar en familia alguno de los textos del Evangelio sobre la pobreza y el peligro de las riquezas.
- En este sentido, aprovechar el tiempo litúrgico de Cuaresma y Semana Santa.

5. Preguntas respecto a nuestra dependencia de Dios en la consideración y uso de los bienes materiales

5.1. Revisión:

- ¿Tenemos en cuenta las palabras y el ejemplo de Cristo? ¿Hemos meditado el Evangelio en este sentido?
- ¿Qué nos dice la vida de María respecto a la pobreza?
- ¿Cómo hacemos la referencia a Dios cada vez que queremos adquirir un bien, sea un auto, una casa, un equipo, etc.? ¿En qué se manifiesta el hecho de que sólo somos administradores de los bienes que él nos ha regalado?

5.2. Sugerencias:

- Algún día preguntarnos, personalmente y en pareja, ¿cómo podrían sentirse la Virgen y el Señor en relación a nuestro standard de vida?

Taller 2

Nuestra Vida de Oración

Objetivo del Taller

- Elaborar un proyecto de estilo de vida de oración para comenzar a conquistarlo.
  - ¿Qué nos parece lo propuesto?
  - ¿Qué es lo que ya hemos conquistado?
  - ¿Qué dificultades se nos plantean?
  - ¿Cómo podemos superarlas?
  - En concreto, ¿qué nos proponemos conquistar y cultivar?
  - ¿Qué otras alternativas nos parecen convenientes?

1. Oración personal

1.1. Ideal al que aspiramos:

- Conquistar la actitud filial de María en la oración: una actitud abierta, confiada, siempre dispuesta a aceptar la voluntad del Padre Dios.
- Permanecer vinculados a Dios durante todo el día, en diálogo con él, ofreciendo, pidiendo perdón, agradeciendo, implorando su luz, su fuerza y su gracia para llegar a ser sus instrumentos.

1.2. Expresiones concretas:

- Realizar las oraciones de la mañana y de la noche.
- Cultivar la meditación personal (lectura meditada o meditación de la vida).

- Mantener una vinculación semanal al Santuario, ofreciendo conscientemente las contribuciones al Capital de Gracias.
- Permanecer en estado de gracia a través del sacramento de la confesión regular mensual.
- Comulgar con frecuencia (más de una vez a la semana).
- Hacer un momento corto de oración a medio día con renovación de nuestro Ideal Personal y Examen Particular, como una pausa que nos vuelva a poner en contacto con María, nuestra Aliada.
- Efectuar la renovación mensual.

1.3. Sugerencias:

- Usar la Biblia y "Hacia el Padre" para motivar nuestra oración.
- Rezar en nuestro Santuario-Hogar.
- Asegurar momentos y lugar adecuados para rezar.
- Mantener constancia y regularidad en la oración valiéndose del Horario Espiritual.
- Cultivar las jaculatorias a manera de pequeñas oraciones espontáneas durante el día.

2. Oración de matrimonio

2.1. Ideal al que aspiramos:

- Como matrimonio llegar a una comunión permanente y continua con Dios, apoyados en las gracias del sacramento.
- Juntos, escuchar las voces de Dios y actuar de acuerdo a sus deseos, guiados por la fe práctica en la Divina Providencia.

- Hacer que nuestro Ideal de esposos ilumine y anime nuestra vida de oración y esté siempre presente en ella.

2.2. ***Expresiones concretas:***

- Como matrimonio, tener un momento de oración al día, ojalá en el Santuario-Hogar (oración de la mañana o de la noche). Poco a poco, desarrollar un rito propio.
- Como matrimonio, disponer diariamente de comunión espiritual.
- Hacer una visita semanal al Santuario.
- Renovación mensual (2 o 3 horas de duración, fijando día y lugar).
- Tener una oración propia de matrimonio.

2.3. ***Sugerencias:***

- Como esposos, cultivar una mejor relación natural para facilitar el encuentro espiritual. Buscar una sintonía espiritual (diálogo conyugal semanal).
- Preparar alternadamente el momento de oración de matrimonio (contenido y forma).
- En el Horario espiritual, tener algún punto en común que contribuya a asegurar la vida de oración.
- En la renovación espiritual mensual, evaluar periódicamente la vida de oración de matrimonio.
- Si aún no se ha formulado el Ideal de Matrimonio, trabajar en su búsqueda y hacer una oración de matrimonio.
- Celebrar las fiestas y tiempos litúrgicos. Si se tiene Santuario-Hogar, celebrarlas en él.

3. Oración familiar

3.1. Ideal al que aspiramos:

- Vivir la vida diaria en una actitud de oración permanente. Nuestra oración familiar debe estar animada por el espíritu de conquista del ideal de la Sagrada Familia de Nazaret.
- Vincular las cosas naturales con las sobrenaturales; escuchar a Dios en el devenir diario de nuestro hogar.

3.2. Expresiones concretas:

- Diariamente, hacer un momento de oración familiar en el Santuario-Hogar.
- Asistir a la Misa dominical.
- Bendecir los alimentos (hacer participar a los niños usando el "Pan de la Palabra").
- Orar con los niños y bendecirlos cada noche.

3.3. Sugerencias:

- Mejorar el diálogo familiar para que el encuentro y la participación de todos en la oración resulte más fácil. Ojalá reunirse como familia, una vez por semana, para intercambiar planes y preocupaciones y saber de este modo la situación de cada uno.
- Conquistar la costumbre de bendecir a los niños, tanto en la mañana como en la noche.
- Fomentar las visitas al Santuario, como familia.
- Comentar en familia el Evangelio del domingo.
- Cantar en común y aprovechar talentos musicales o desarrollarlos (cantar es orar dos veces).

4. Oración como grupo

4.1. Ideal al que aspiramos:

- Llegar a ser una comunidad cristiana que exprese y alimente su fe según la espiritualidad de Schoenstatt.

4.2. Expresiones concretas:

- Tener una oración de grupo.
- Ser un grupo de oración.
- En cada reunión de grupo, tener un momento de oración bien preparado, vinculado al tema de la reunión.
- Cada dos meses tener un encuentro de oración en el Santuario, con participación de todos.
- Preparar y meditar en común el Evangelio del domingo siguiente.

4.3. Sugerencias:

- Rezar con las oraciones de la Biblia (v. gr. Salmos) y de "Hacia el Padre".
- Preparar con anticipación los momentos de oración a realizar en el Santuario. Hacerlo según un esquema previamente acordado.

El Ideal de Matrimonio

P. Rafael Fernández de A.

I. Introducción

Hoy Dios está hablando claro a través de los signos de los tiempos: apunta a la necesidad de fortalecer la familia como célula básica de la sociedad y de la Iglesia. No ignoramos que la realidad familiar está amenazada en nuestra cultura y que las leyes de divorcio imperantes en los países económica y técnicamente más desarrollados, son uno de los tantos signos de desintegración familiar que cada día se van imponiendo más y más en nuestro ambiente.

Las costumbres y estilo de vida de esta época no se compadecen con lo que debería ser una familia auténticamente cristiana. En este sentido, lo que más nos preocupa es que a menudo no tomamos cabal conciencia de esta situación: nos adaptamos al medio ambiente sin reparar que éste ya no es reflejo de los valores típicamente cristianos.

Nuestros hijos ya no cuentan con una atmósfera cristiana que los proteja. Como el Señor decía a sus apóstoles, tendrán que vivir "en medio del mundo" pero "sin ser de este mundo". ¿Podrán lograrlo? ¿Quién puede asegurarnos que mantendrán incólume su fe y convicciones cristianas, sin ser arrastrados por la fiebre del consumismo, del tener y tener más cosas y del éxito humano que embriagan a nuestra sociedad? Y no sólo esto: ¿podrán nuestros hijos llegar a ser levadura en medio de la masa? ¿Serán capaces de impregnar la cultura adveniente con los valores cristianos?

Es grande el desafío que hoy enfrentan los matrimonios cristianos: es necesario una *nueva primavera de santos matrimonios, de familias santas edificadas sobre la base de matrimonios santos.*

La primera evangelización se llevó a cabo fundamentalmente por sacerdotes, religiosos y religiosas consagrados a Dios en la virginidad. Hoy, en cambio, el llamado a la santidad se dirige en primer lugar a los laicos, a la familia. Sin su compromiso por la santidad y su influencia en las realidades temporales, es impensable una cultura cristiana para el tercer milenio. Y somos nosotros y nuestros hijos los que estamos llamados a ganar el nuevo milenio para Cristo.

Por eso nos abocamos seriamente a la tarea de forjar un matrimonio santo. El sacramento del matrimonio entraña en sí mismo la vocación a la santidad y nos confiere las gracias para lograrla. Schoenstatt quiere ayudarnos en este empeño. El Santuario de nuestra Madre y Reina tres veces Admirable debe convertirse para nosotros, como dice el Acta de Fundación, en "cuna de nuestra santidad". Allí María quiere regalarnos, como matrimonio, las gracias del arraigo en Dios, de la transformación interior y de la fecundidad apostólica, para que podamos alcanzar esa meta. Pero nosotros debemos cooperar con la gracia ofrecida, pues Dios no quiere realizar sus obras solo: *"Nada sin ti, nada sin nosotros"* es nuestro lema.

Ahora bien, una de las ayudas que recibimos en nuestro Movimiento, a fin de poder encaminarnos y avanzar por el camino de la santidad, es la doctrina y la práctica del Ideal. A continuación, nos referiremos específicamente al Ideal de Matrimonio.

II. Fundamento del Ideal de Matrimonio

"En nuestro mundo moderno –afirma Michael Quoist–, existe un peligro muy superior a la amenaza de las bombas atómicas; es la 'explosión' interior del hombre, y su 'atomización' sicológica o espiritual. Si el hombre domina cada vez más el universo material, parece que, hostigado por las múltiples solicitaciones exteriores, se domina cada vez menos a sí mismo. Precisa rehacer su propia síntesis si quiere vivir y obrar." (Triunfo, p. 29)

Esto, que es válido para el individuo, vale igualmente para la realidad matrimonial y familiar. Es preciso volver a elaborar nuestra síntesis como matrimonio, y el Ideal de Matrimonio es justamente ese factor unificador en torno al cual se organiza y adquiere coherencia nuestra vida. El Ideal de Matrimonio, además de dar coherencia a nuestra vida, la enaltece: nos recuerda que como matrimonio "nacimos para cosas mayores".

Describiremos, en primer lugar, el contenido del Ideal de Matrimonio desde una triple perspectiva: filosófica, cristológica y sicológica. Se trata siempre de la misma realidad, pero vista cada vez desde un ángulo diferente.

El Ideal de Matrimonio desde la perspectiva filosófica

Entendemos por Ideal de Matrimonio la idea concreta que Dios tuvo del matrimonio al crearlos el uno para el otro en un mismo designio de amor. Cuando Dios concibió a cada miembro del matrimonio, los concibió en su mente, desde toda eternidad, el uno para el otro. Es ésta la realidad que ambos intuimos cuando nos conocimos y que luego, progresivamente, fuimos descubriendo y ratificando durante el pololeo. Al decidir contraer matrimonio, asumimos consciente y solemnemente el designio de Dios que nos unía para toda la vida. El pensamiento que Dios tuvo de uno ya incluía el llamado a realizarse en unión y complementación con esa otra persona que él concibió como nuestro compañero o compañera de vida. Nuestras existencias se complementan mutuamente. Lo cual implica también que la santidad del uno depende estrechamente del otro y repercute en él. Ambos estamos llamados a constituir una misma comunidad de vida, de amor y de misión. Para ello, Dios nos regala a cada uno cualidades personales que son complementarias con las del otro. También nuestras cargas y cruces debemos llevarlas juntos. Dios nos pensó –por así decirlo– como una elipse, donde dos polos se integran en una sola figura. El tuvo una idea, un "sueño", con nosotros. Como matrimonio, estamos llamados a descubrir y realizar ese plan de amor original que Dios proyectó con nosotros y a realizarlo creadoramente a lo largo de nuestra vida.

El Ideal de Matrimonio desde la perspectiva cristológica

Desde otro punto de vista, considerando que el matrimonio ha sido elevado a la categoría de sacramento, podemos describir el Ideal de Matrimonio diciendo que consiste en encarnar, de modo original, la unión de Cristo y la Iglesia; o, si se quiere, de Cristo y María, porque María es el prototipo de la Iglesia y su imagen más perfecta. Recordemos la enseñanza de san Pablo en el capítulo V de su Epístola a los Efesios. Allí el apóstol muestra el sacramento del matrimonio en esta perspectiva. El matrimonio es un signo visible de esa misteriosa unión de Cristo y la Iglesia, unión que los conyuges están llamados a realizar en forma concreta y original.

Como matrimonio, debemos reflejar en medio del mundo el misterio de amor íntimo, fiel, heroico y fecundo que une, de modo inefable, a Cristo y su Iglesia, a Cristo y a María, en una profunda bi-unidad. El sacramento del matrimonio eleva nuestra unión conyugal hasta esta altura. Por el sacramento, recibimos la vocación y la gracia para encarnar y hacer presente hoy ese ideal. El Ideal, válido para todo matrimonio, se personaliza y actualiza en forma original en cada matrimonio que está llamado a vivirlo de acuerdo a su propia realidad y a los desafíos propios de su época.

El Ideal de Matrimonio desde el punto de vista sicológico

Considerado desde la perspectiva sicológica, el Ideal de Matrimonio es el impulso fundamental querido por Dios que anima profundamente a los cónyuges. Es el impulso o anhelo, cultivado fielmente con la ayuda de la gracia, que los conduce a alcanzar la santidad matrimonial. El Ideal de Matrimonio, en este sentido, no es simplemente algo "objetivo", que se nos impone desde fuera, sino que ya vive en germen en nosotros. Pero esto requiere ser asumido y cultivado conscientemente.

Resumiendo, Dios nos concibió como cónyuges en un mismo plan de amor; Dios nos creó con una vocación y nos dio una tarea común en su plan; Dios nos llamó a encarnar, de modo original, la inefable bi-unidad de Cristo y su Iglesia; para ello, puso en nuestras almas las fuerzas, gérmenes de vida y anhelos interiores capaces de impulsarnos, desde dentro, a desarrollarnos y alcanzar lo que él espera de nosotros.

Si consideramos el Ideal de Matrimonio en esta perspectiva, éste adquiere toda su fuerza. ¿Qué pensó Dios con nosotros al llamarnos a unir nuestras vidas para siempre y ser fecundos en nuestros hijos? ¿Cómo quiere él que encarnemos ese signo de amor sacramental que imprimió en nuestros corazones cuando sellamos nuestra alianza matrimonial ante el altar? Como matrimonio, ¿qué germen de vida y santidad debemos cultivar fielmente?; ¿qué defectos debemos superar a fin de que brille, en nuestra vida, la santidad matrimonial?

Estas son las preguntas a las que respondemos al tratar de definir nuestro Ideal de Matrimonio.

III. La búsqueda del Ideal de Matrimonio

1. En general

Si viviéramos en una atmósfera cristiana, donde los valores cristianos se pudieran asimilar "por osmosis", quizás no necesitaríamos hacer un esfuerzo especial por asumir cons-cientemente el Ideal de Matrimonio. De algún modo, esto se daría en forma espontánea o funcional. Sin embargo, como lo señalábamos más arriba, hoy ya no contamos con esa rea-lidad. Tenemos que asumir libremente y en forma decidida el ideal de fomar un matrimonio y una familia profundamente cristianos, y de lograrlo muchas veces "nadando contra la corriente". Si como matrimonio y como familia no emprendemos un trabajo de autoformación, pronto seremos arrastrados por la corriente y simplemente nos mimetizaremos con el ambiente materialista en que estamos inmersos. Por eso, es importante que nos aboquemos a la búsqueda del Ideal de Matrimonio.

Nos parece aconsejable iniciar esta búsqueda antes que la del Ideal Personal. En la medida en que descubramos el Ideal de Matrimonio, indirectamente cada uno va descubriendo, en el contexto del ideal común, su propio Ideal Personal. De hecho, llegamos a conocernos a nosotros mismos más en el espejo del tú que por introspección individual. Pensemos, por ejemplo, cómo se despertó nuestro yo cuando nos encontramos con el tú y nos sentimos amados por él. Sin embargo, si alguno de los cónyuges ya ha elaborado con anterioridad su Ideal Personal, de todos modos éste podrá ser integrado en la búsqueda del Ideal de Matrimonio.

Descubrir el Ideal de Matrimonio es un don de Dios, ya que es una obra de la gracia en nosotros. Por eso, toda búsqueda en este sentido debe estar precedida por la oración. Antes que nada, *imploramos al Espíritu Santo* para que él nos ilumine y nos ayude a ver nuestra vida y misión a la luz de la fe; para que su gracia nos permita descubrir los gérmenes de vida e impulsos que Dios ha puesto en nuestra alma. Imploramos la gracia de Dios pero, al mismo tiempo, nos decidimos formalmente a trabajar en nuestro Ideal de Matrimonio, lo que implica *dedicarle tiempo a nuestra búsqueda:* el tiempo necesario para la oración, la reflexión y el intercambio de pareja. De otro modo, sólo tendríamos buenos deseos pero, en la práctica, lograríamos muy poco.

Como cosa concreta, es aconsejable que cada uno tenga un cuaderno donde pueda anotar sus reflexiones y las conclusiones a las cuales va llegando.

2. Caminos para buscar el Ideal de Matrimonio

2.1. Primer camino: recapitular los "sueños" iniciales

Como primer paso para iniciar la búsqueda del Ideal de Matrimonio, podemos evocar los días del noviazgo y los primeros tiempos del matrimonio. En ese entonces, como algo natural, surgía "soñar" el futuro, imaginarse cómo sería más adelante la vida del matrimonio y de la familia que se iniciaba; qué ambiente se quería para el lugar donde vivir; las cosas que se emprenderían juntos, etc. En todo ello se reflejaba, en forma espontánea, una captación intuitiva del Ideal de Matrimonio: en esos "sueños", se encontraba ya la expresión germinal de lo que Dios había puesto en nuestros corazones y del plan que tenía para con nosotros al sellar nuestra alma con la gracia del sacramento.

Ambos cónyuges se plantean por separado las siguientes preguntas:

- ¿Por qué nos hemos elegido uno al otro?
- ¿Qué cosas vimos el uno en el otro?
- ¿Qué "sueños" tuvimos al casarnos?
- ¿Qué pensamos construir juntos?

Luego se reúnen para intercambiar lo que han descubierto. Estas u otras preguntas semejantes nos ayudarán a"reubicarnos", haciendo que tomemos nuevamente contacto con lo mejor de nosotros mismos.

Puede ser que los esposos hayan redactado una oración de matrimonio cuando celebraron sus bodas, o cuando sellaron su alianza de amor. Ambas oraciones, la del matrimonio y la Oración de Alianza, normalmente han recogido los "sueños" o ideales que se tenía especialmente presentes en esas oraciones. Es conveniente, por lo tanto, volver a considerar esas oraciones en este contexto.

2.2. *Segundo camino: revisión de la historia personal y matrimonial*

Esta fase de la búsqueda del Ideal de Matrimonio es extraordinariamente importante. Juntos, tratar de descubrir al Dios de nuestra historia, para responder, también unidos, a sus innumerables muestras de amor y misericordia. Poseemos la firme convicción de que Dios, por su Divina Providencia, ha estado presente en cada paso de nuestra vida. Con su gracia nos ha impulsado y, además, cuando por nuestra culpa nos hemos apartado de sus caminos, nos ha tendido la mano para levantarnos.

Si en la fe dirigimos una mirada retrospectiva a nuestra historia, a las vivencias y acontecimientos que han marcado nuestro desarrollo y nos encaminaron en una dirección determinada, podremos ir descubriendo su plan de amor para con nosotros. Los acontecimientos a lo largo de nuestra historia van despertando nuestras potencialidades y los gérmenes que Dios ha puesto en nuestra alma. En ella vamos descubriendo nuestra estructura de ser y los valores que nos entusiasman.

Para esto es necesario:

- ***Primero, implorar al Espíritu Santo y darse el tiempo necesario para ello***

¿Cómo descubrir este paso de Dios por nuestra historia y, mediante esta meditación sobre nuestra vida, ganar valiosas luces que iluminen nuestro Ideal de Matrimonio? Quisiéramos repetir, ante todo, que debemos implorar al Espíritu Santo y a la vez tomarnos el tiempo necesario.

Debemos *darnos tiempo para la oración y la meditación personal y también tiempo para intercambiar como matrimonio.* Esto no resulta fácil si se toman en consideración todos los quehaceres de la casa, los niños y el trabajo. Pero bien vale la pena hacerlo. Se trata de re-ver, re-mirar la propia historia a la luz de la fe en el Dios que nos ha ido conduciendo y que irrumpió en nuestra vida con fuerza.

Insistimos en que hay que dejarse tiempo, *fijar día y hora.* Cada uno debe hacer un trabajo personal y, matrimonial, debiéramos tener, ojalá cada semana, una conversación e intercambio sobre lo que hemos meditado. En todo caso, al menos una vez al mes –en el día y tiempo convenidos–

debiéramos reservarnos un tiempo más largo –dos o tres horas– para una conversación a fondo. Si no somos suficientemente concretos y exigentes, no podremos lograr mucho, ni superar las barreras de una comunicación superficial y de una aspiración mediocre a la santidad.

- ***Segundo, elaborar una cronología de nuestra historia***

Para elaborar nuestra historia, cada cónyuge por separado debe hacer una cronología de su vida, escribiendo en un cuaderno las vivencias, tanto positivas como negativas, que le parecen más significativas.

Sistemáticamente, podríamos dividir nuestra historia en distintas etapas. Por ejemplo:

1. La historia de cada uno hasta el momento en que se conocieron (niñez, adolescencia, juventud, etc.).
2. La historia durante el pololeo.
3. El noviazgo y matrimonio.
4. La llegada de los hijos, etc.

Una vez hecho este punteo cronológico, nos preguntamos *cuáles han sido los momentos o vivencias que parecen ser los más importantes* y los subrayamos.

La pregunta siguiente es: ¿qué me dijo Dios a través de este acontecimiento o por esta realidad? ¿Qué mensaje me dejó en esta etapa de mi historia, para mí personalmente y para mi vida futura como esposo o esposa, como padre o madre de mis hijos?

- ***Tercero, establecer un intercambio sobre lo meditado***

En los momentos de diálogo que hemos concertado como matrimonio, rezamos en común e intercambiamos sobre lo que descubrimos en nuestra historia; por cierto, sobre la base de aquello que el otro estimó conveniente comunicar, porque le parecía importante para buscar el Ideal de Matrimonio. Siempre hay cosas que alguien desea guardar en su fuero interno y tiene pleno derecho de hacerlo.

Aunque parezca una repetición excesiva, es imprescindible fijar con anterioridad el día y la hora de este intercambio pues, de otro modo, "nunca se encuentra tiempo para hacerlo" y así se van perdiendo las oportunidades. Esto requiere disciplina y renuncia a otras cosas.

Si hay oportunidad, esta revisión de la historia podría realizarse durante el tiempo de vacaciones o, incluso, en algún día de retiro. Cada pareja debe considerar sus posibilidades concretas. No olvidemos cuánto tiempo solemos dedicar a nuestras relaciones sociales o al trabajo, el que incluso exige a veces ausentarse de la casa por varios días.

Este intercambio sobre la propia historia a la luz de la fe práctica en la Divina Providencia, significa para la vida de la pareja una gran profundización del amor mutuo y de la intimidad; constituye un redescubrirse el uno al otro a la luz de Dios.

El encuentro, que normalmente está precedido por un tiempo de oración, ojalá también concluya con una oración en que la pareja agradezca y también pida perdón al Señor. Pero no sólo al Señor, sino también mutuamente. Expresarse uno al otro la mutua admiración, la gratitud y también pedirse perdón, es expresión, camino y garantía de la gratitud y de la petición de perdón al Señor.

Este trabajo puede durar meses. Lo importante es que sea continuo y profundo. Tal como lo expresamos más arriba, *es conveniente anotar en un cuaderno las conclusiones más importantes* que ambos vayan sacando. No es necesario escribirlo todo, pero sí las cosas más relevantes.

- ***Cuarto, sacar las conclusiones***

La mirada retrospectiva a la historia personal y matrimonial, nos permite tener una visión de conjunto, percibir cuáles son los signos y llamados de Dios más importantes para nosotros, y descubrir las conclusiones que podemos sacar. Como en todo lo anterior, siempre debe combinarse el trabajo personal y el trabajo en conjunto. Ambos son necesarios y se complementan. Por eso, resulta provechoso que cada uno, por su cuenta, trate de sintetizar las conclusiones que saca personalmente de la revisión y luego ambos las pongan en común. De esta manera, se produce el consenso y se van perfilando los acentos que cada uno pone, es decir aquello con lo cual cada cónyuge se siente más identificado. Se trata de dos vidas que confluyen en un mismo cauce, y esas vidas continúan animando ese cauce desde dentro, para hacerlo cada día más caudaloso y fecundo.

- ***Quinto, redactar un salmo de gratitud***

Sugerimos que el matrimonio, al terminar esta etapa, elabore un salmo de gratitud, al modo de los salmos con que Israel meditaba y recordaba las "maravillas" de Dios en su historia. En ese salmo, se pueden ir enumerando las cosas descubiertas como paso de Dios en nuestra vida, tanto en los momentos de éxito y felicidad como en los momentos de prueba y de cruz. Ese salmo de gratitud de la pareja puede rezarse en ocasiones especiales, como por ejemplo en cada aniversario de matrimonio. Y luego, cada año, se puede ir agregando nuevos motivos de gratitud.

2.3. Tercer camino: buscar los valores que el matrimonio desea encarnar e irradiar

Este camino de búsqueda del Ideal de Matrimonio complementa los anteriores. Consiste en que ambos cónyuges se preguntan cuáles son los valores que más los atraen y por los cuales estarían dispuestos a jugarse, personalmente y como matrimonio. Se sitúan en el hoy y miran al futuro. Concluye aquí todo lo que se ha intercambiado y madurado en los otros pasos, pero ahora mirando expresamente al presente y al futuro. El matrimonio se plantea entonces las siguientes preguntas:

- ¿Qué nos sentimos llamados a ser y a realizar como matrimonio?
- ¿Qué rostro deseamos para nuestra vida de matrimonio y de familia y para dejar como herencia a nuestros hijos?
- De qué nos sentimos cada uno particularmente responsables?

Como ayuda complementaria, se sugiere preguntar a algún matrimonio amigo cómo los ven ellos, qué imagen y mensaje dan como pareja y familia. En cierta etapa de la vida de un grupo, también suele hacerse la siguiente dinámica que resulta ser especialmente útil: todos los miembros del grupo, después de haberlo meditado, en una reunión expresan a cada matrimonio los valores y el mensaje que ellos transmiten. Es aconsejable que lo expresado verbalmente sea entregado por escrito, de modo que la pareja pueda meditar posteriormente lo que se le dijo. Los aspectos negativos no se mencionan en el grupo, pues se considera más oportuno hacerlo personalmente.

Esta reflexión, igual que las etapas anteriores, debe estar acompañada *de la oración y de las contribuciones al Capital de Gracias*, pues se trata de descubrir el plan de Dios y éste sólo se percibe a la luz de la fe, que es regalo de Dios.

IV. Tentativa de Síntesis

1. Recapitulación

Habiendo recorrido los caminos antes señalados, estamos en condiciones de formular nuestro Ideal de Matrimonio.

Recapitulemos todo lo visto como resultado de los caminos de búsqueda que hemos recorrido:

- el plan de Dios que se nos ha revelado al considerar nuestra "historia sagrada";
- el ideal de santidad que nos plantea el sacramento del matrimonio tal como lo percibimos de acuerdo a nuestra realidad;
- los desafíos que Dios nos presenta por los signos del tiempo.

Hecha esta recapitulación, procuremos puntualizar y sintetizar lo siguiente:

- *los valores o actitudes fundamentales que nos sentimos llamados a encarnar e irradiar* (los valores centrales, es decir los dos o tres valores principales que resumen o incluyen a los otros) y, por otra parte,
- las *tareas principales que nos sentimos movidos a realizar* como matrimonio, como familia y en el ámbito del Movimiento, de la Iglesia, del trabajo, etc. Son

todas tareas que brotan y refuerzan las actitudes o el alma del matrimonio. No se trata de un trabajo analítico, sino de síntesis, de simplificación. Por lo tanto, no debemos complicarnos sino formular elementos centrales, es decir lo que más nos atrae y motiva.

2. Diseñar un "Escudo de familia"

Si recorremos la historia y la vida de la Iglesia, nos encontramos con un hecho: siempre los ideales se han expresado simbólicamente en banderas, estandartes o escudos. Esto lo podemos observar tanto en la vida profana como en la vida de la Iglesia. Recuérdese, por ejemplo, el escudo papal de Juan Pablo II con la letra "M" de María, junto a una cruz, y su lema "Totus tuus". Basándonos en esa experiencia proponemos elaborar un escudo de familia.

Como metodología, sugerimos dividirlo en cinco campos. El primero está dedicado a nuestra historia: algún símbolo que recuerde los dos o tres hitos fundamentales de la misma. El segundo campo está dedicado a la relación de los cónyuges: ¿cuál es la actitud más propia y distintiva que caracteriza su relación mutua? En el tercer campo, expresamos nuestro ideal en relación a la familia, a nuestros hijos: ¿cuál debiera ser la atmósfera que deseamos que reine en nuestro hogar? En el cuarto campo, expresamos lo más característico de nuestro espíritu apostólico. Y, por último, en el quinto campo simbolizamos lo más propio de nuestra relación al mundo sobrenatural.

El siguiente diseño puede orientarnos:

Al elaborar nuestro escudo de familia, quizás se advierta la posibilidad de simplificar y en definitiva sólo nos quedemos con uno o dos símbolos que expresen estas cinco dimensiones del ideal. Por ejemplo, para una familia, una simple llama en el Santuario puede significar el resumen de todos sus ideales. De suyo, el símbolo posee más fuerza emotiva y sugiere mucho más que las palabras.

3. Formulación del Ideal

Cuando hemos llegado a este punto, ya podemos *formular el ideal.* El Ideal de Matrimonio puede formularse:

- con *un nombre,* como, por ejemplo, "Hogar de Nazareth", "Cenáculo", etc.
- con *un lema,* tal como "Nuevo Belén para la Iglesia", "Familia santa, heroica en la entrega", etc.

Se entiende que el matrimonio ya ha puntualizado las actitudes fundamentales que ese ideal expresa. Por ejemplo, si se trata del ideal de Nazareth, estas actitudes podrían ser: la unidad familiar, el trabajo en unión a Cristo, el espíritu de oración (unidad, trabajo, oración).

Al comparar las formulaciones de varios matrimonios, podría ocurrir que fueran semejantes, pero, de cualquier modo, lo que cada matrimonio entiende y siente detrás de esas palabras, siempre poseerá una coloración propia y original.

4. Oración del Ideal de Matrimonio

Al término de esta etapa de búsqueda, *redactamos una oración de matrimonio* –más o menos del largo de un Padrenuestro o de la Pequeña Consagración– en la que se resume nuestros ideales y anhelos; se los ofrecemos a la Santísima Virgen y al Señor, pidiéndoles la gracia de poder encarnarlos.

En todo lo descrito, lo más importante es que el matrimonio cuente con algo que le permita recordar "su" mundo en forma rápida y que fácilmente hable al corazón: un símbolo, un lema, una canción, etc., que pueda conservar en su pieza o en su Santuario-hogar, o sobre el escritorio, en un libro, etc., es decir, en aquellos lugares donde viven y trabajan. De este modo, sin mayor reflexión, "su" secreto de matrimonio aflorará a la conciencia, lo unirá a su cónyuge y a Dios y refrescará los ideales que inspiran su vida conyugal y familiar.

V. La realización del Ideal de Matrimonio

El Ideal de Matrimonio hay que cultivarlo fielmente, *en forma personal y como matrimonio.*

En forma personal

Se logra en la medida en que *cada uno,* por su parte, después de haber hecho esta búsqueda del Ideal de Matrimonio, *perfile más exactamente su propio Ideal Personal.* Esto no le resultará especialmente difícil, pues indirectamente lo ha estado haciendo a lo largo de todo el proceso de búsqueda. Sólo necesita ahora definir más nítidamente su parte y la contribución especial que asume en el contexto del Ideal de Matrimonio. Luego sólo será preciso poner manos a la obra en su autoformación.

Como matrimonio

Es importante:

- *rezar la oración de matrimonio a menudo* (ojalá todos los días, en las oraciones de la mañana o de la noche),
- que el *lema* y/o el *símbolo* de pareja *esté presente en lugares visibles* del ambiente de trabajo o del hogar; y, por otra parte,
- que se tenga *un cuaderno de matrimonio,* donde ambos puedan escribir sus meditaciones o dirigir cartas a su cónyuge para preparar de este modo un diálogo futuro;
- preguntarse, a la luz de la fe práctica, *a dónde los llama Dios a centrar la atención y esfuerzo en el momento que están viviendo.*

En este sentido, hablamos de una especie de *Examen Particular de Matrimonio.* Para ello deben determinar un campo concreto (una actitud) y ver los medios que aplicarán –los dos juntos o cada uno por separado– para conquistarlo.

El trabajo de autoformación del matrimonio es decisivo. Si se hiciese todo el camino de búsqueda del ideal y luego no se continuase con este trabajo, todo iría cayendo en el olvido y perdería fuerza y fecundidad.

Los propósitos de matrimonio deben precisar su objetivo, es decir la actitud que se quiere conquistar. Esta actitud debe relacionarse conscientemente con el Ideal de Matrimonio. Es justamente parte de la realización de ese ideal y recibe del mismo su inspiración y sentido.

A veces es aconsejable concretizar esta actitud en algún punto determinado. Por ejemplo, si en un momento se sienten llamados a acentuar el espíritu de pobreza de la familia, pueden buscar una forma concreta de expresarlo: ayudar a una familia más pobre o revisar los closet y regalar todo lo que no se usa o se tiene demás. O si deciden cultivar el espíritu de oración, pueden concretarlo, por ejemplo, proponiéndose rezar juntos las oraciones de la noche todos los días, o algo semejante.

Cada mes, en una "renovación espiritual" de matrimonio, se tendría que *revisar el propósito* viendo lo positivo y lo negativo. Y además, decidir si van a continuar con el mismo propósito durante el mes siguiente o sienten más bien que Dios, por las circunstancias o voces del corazón, les señala poner otro acento. Para no olvidarlo, todo debe quedar escrito en forma resumida en el cuaderno del matrimonio. (Ver capítulo sobre la "Renovación mensual")

Anexos

Anexo 1

Cuestionario para Esposos*

El presente cuestionario quiere ser una ayuda para abrir el horizonte de nuestro ideal matrimonial y familiar. Nos muestra la forma de concretar nuestro ideal llevándolo a la práctica en nuestra vida cotidiana. Las preguntas que hemos escogido no pretenden ser exhaustivas, sino más bien sensibilizarnos y mostrarnos nuevas perspectivas. Sugerimos que cada matrimonio elabore su propio "espejo de perfección", de acuerdo a su realidad y misión propia.

Podría ser útil darse tiempo para ir leyendo y comentando en diversas ocasiones cada uno de los párrafos que comprende el cuestionario.

Este intercambio sin duda resultará enriquecedor tanto para la vida matrimonial y familiar como para cada uno en particular.

Aunque este cuestionario no está pensado, en primer lugar, como preparación al sacramento de la reconciliación, sin embargo también podemos utilizarlo como "examen de conciencia", tal vez tomando un capítulo especial –el que nos parezca más adecuado según las circunstancias– para prepararnos a una determinada confesión.

* Material de Trabajo de la Rama Familiar, Zona Cordillera, Santiago.

1. Preguntas dirigidas al esposo

- ¿Me levanto con ganas o inicio la mañana de mal humor?¿Me esfuerzo por asumir una actitud positiva?
- ¿Soy amable y cariñoso con mi esposa? ¿Me preocupo de ser atento con ella?¿La escucho y trato de entender lo que desea decirme, o de "adivinar" lo que anhela pero que no expresa verbalmente?
- ¿Valoro el trabajo de mi esposa en la casa?¿Se lo agradezco?
- ¿Recuerdo a mi esposa durante la jornada de trabajo? ¿La llamo por teléfono desde mi lugar de trabajo? ¿Me intereso por sus cosas o me desconecto de ella durante el día?
- ¿Converso con mi esposa sobre las decisiones que debemos tomar, o más bien tiendo a imponerme de modo autoritario?
- ¿Cómo llego a casa después del trabajo? ¿Llego malhumorado? ¿Me preparo para el encuentro con mi esposa e hijos?
- ¿Reclamo por todo lo que no encuentro bien planchado o reparado, o lo hago notar de buen modo?
- ¿Mientras llevo los niños al colegio, me intereso por ellos y les hago preguntas o sólo doy respuestas? ¿Rezo con los niños durante el camino?
- Cuando mis hijos piden algo, ¿les contesto que me dejen tranquilo y no los atiendo, argumentando que estoy cansado u ocupado?
- Cuando estoy con mi familia, ¿me intereso por lo

que cada uno ha hecho o sólo los reto por lo que no han hecho?¿Los estimulo?

- Mientras estoy con mi familia, ¿me intereso por lo que cada uno experimenta o espero más bien que se interesen y preocupen por mí? ¿Cuento lo que me ha pasado durante el día?
- ¿Reservo parte de mi tiempo para el hogar, a fin de compartir con mi esposa, para estar y jugar con los niños y dialogar con los mayores, o siempre pienso que mi trabajo es lo más importante?
- ¿Me preocupo de solucionar los problemas domésticos, especialmente los vinculados a las instalaciones de la casa?
- ¿Comparto los quehaceres domésticos?
- En mi casa, ¿comento sobre mi trabajo?
- ¿Me "escapo" a través de mis hobbies o deportes, prescindiendo de los míos?
- ¿Me preocupo por mis padres, hermanos y amigos? ¿Los llamo por teléfono? ¿Comparto sus problemas, me intereso por ellos o tiendo a alejarme?
- ¿Soy más bien "hermético" o trato de ser comunicativo? ¿Tomo la iniciativa para entablar el diálogo con mi esposa y con mis hijos?
- ¿Cuánto tiempo dedico a la T.V.?
- ¿Me preocupo por hacer que el Domingo sea un día especial dedicado a Dios y a la familia?
- ¿Rezo en la mañana o me olvido de comenzar el día con el Señor y con la Virgen? ¿Pongo en sus manos mis inquietudes, mis responsabilidades, decisiones y tarea diaria? ¿Rezo la Pequeña Consagración todas las mañanas?

- ¿Me preocupo de ofrecer el día por los que más quiero? ("por ellos me santifico"). ¿Rezo diariamente por mi esposa y por mis hijos?
- ¿Rezo con mi familia en alguna hora del día o sólo doy instrucciones a los niños para que ellos lo hagan?
- ¿Reviso mi Horario Espiritual y lo llevo por escrito?
- ¿Tengo un Examen Particular?
- ¿Tengo un lugar especial donde acostumbro rezar? Si tenemos Santuario Hogar, ¿me recojo allí para rezar?
- ¿Con qué frecuencia me vinculo al Santuario?
- ¿Rezo con mi esposa? ¿Rezo por ella en forma especial?
- ¿Hago una renovación espiritual una vez al mes a fin de revisar a la luz de Dios todo lo vivido durante ese mes y planificar el próximo?
- ¿Cómo es mi actitud cuando conduzco el auto? ¿Es una actitud agresiva? ¿Respondo a todas las agresiones de los otros conductores o las dejo pasar preocupándome de lo verdaderamente relevante?
- ¿Insulto a todos los demás?¿Soy vulgar y ordinario en mis expresiones?
- ¿Soy rudo o violento en el trato con mi esposa, con mis hijos, en mi trabajo y con la gente en general?

2. Preguntas dirigidas a la esposa

- ¿Me levanto contenta o de mal humor? ¿Me esfuerzo por asumir una actitud positiva?
- ¿Cómo espero a mi marido cuando llega del trabajo?
- ¿Recuerdo a mi marido durante el día? ¿Lo llamo por teléfono o lo olvido hasta que vuelve?
- ¿Soy cariñosa con mi marido?
- Cuando llegan mis hijos del colegio, ¿los recibo contenta, los escucho o sólo les hago reproches y les grito?
- ¿Respeto la privacidad de mis hijos?
- ¿Reservo tiempo para compartir con mis hijos sus juegos y estudios y conversar con ellos?
- ¿Procuro crear un ambiente agradable en mi hogar?
- ¿Celebro las fiestas de cada miembro de la familia?
- ¿Comparto todo lo mío con mis hijos y mi esposo?
- ¿Cómo es mi trato con los miembros de la casa? ¿Les pido las cosas en buena forma?
- ¿Hay en mí preocupación por mis padres, hermanos y amigos? ¿Los llamo, comparto sus problemas, me intereso por ellos o me alejo?
- ¿Rezo en la mañana?
- ¿Me acuerdo del Señor y de la Virgen durante el día?¿Qué lugar ocupan ellos durante mi jornada de trabajo?
- Si tenemos Santuario Hogar, ¿rezo en él?
- ¿Rezo todas las noches?
- ¿Reviso mi Horario Espiritual y lo llevo por escrito?
- ¿Tengo un Examen Particular?
- ¿Hago una vez al mes una renovación espiritual,

con el fin de revisar a la luz de Dios el mes transcurrido y planificar el próximo?

- ¿Con qué frecuencia me vinculo al Santuario?
- ¿Rezo con mi esposo? ¿Rezo por él en forma especial?
- Por flojera, ¿dejo cosas para mañana?
- ¿Realizo mi rutina de la casa con una actitud positiva o la hago a disgusto y reclamo todo el día?
- ¿Critico todo lo que sucede a mi alrededor?
- ¿Soy discreta con lo que sé (bueno o malo) de las demás personas o hablo con frecuencia de otros? ¿Soy veraz en mis comentarios o exagero?
- ¿Reservo parte de mi tiempo para mí?
- ¿Cuido mi apariencia personal? ¿Vivo pendiente de ella o tiendo a descuidarla?
- ¿Trato de cultivar mi formación intelectual?
- ¿Soy capaz de reconocer que estoy cansada y que he tenido mal genio?
- ¿Lleno mi día viendo televisión?
- ¿He asumido positivamente mi responsabilidad como dueña de casa o me siento una víctima por lo que debo hacer?
- ¿Tengo una actitud consumista?
- ¿Tiendo a postergarme frente a las necesidades de mi familia o siempre estoy yo en primer lugar?
- ¿Con qué actitud conduzco el auto?
- Si trabajo fuera de casa, ¿imprimo un sello femenino en el trabajo? ¿Tengo un trato personal con los demás? ¿Soy alegre, responsable, eficiente?

3. Preguntas que conciernen a ambos esposos

- ¿Nos empeñamos en mantener vivo nuestro amor conyugal? ¿Damos nuestro amor por sobreentendido? ¿Nos demostramos cariño tal como lo hacíamos cuando éramos novios?
- ¿Expresamos nuestro amor con gestos de ternura y caricias?
- ¿Cómo son nuestras costumbres respecto al modo de expresar el afecto y al comportamiento en la esfera sexual?
- ¿Practicamos los métodos naturales de planificación de la natalidad?
- ¿Recordamos el aniversario de nuestro matrimonio? ¿Lo celebramos en forma especial?
- ¿Dejamos tiempo para recrearnos juntos?¿Hemos buscado la forma de hacerlo?
- ¿Cultivamos los valores que nos caracterizan como hogar?
- ¿Recordamos el cumpleaños y el santo de nuestro cónyuge? ¿Lo saludamos en forma especial? ¿Aprovechamos esta ocasión para agradecerle todo lo que hace por nuestra familia, por nuestros hijos y por mí?
- ¿Tratamos a nuestro cónyuge con respeto, amor y cortesía, de palabra y de hecho?
- ¿Reconocemos con facilidad nuestros errores y equivocaciones? ¿Pedimos perdón? ¿O esperamos que el otro lo haga primero?
- Como matrimonio, ¿nos preocupamos por dedicar momentos de nuestro tiempo para el diálogo? ¿Ase-

guramos un tiempo de diálogo semanal más profundo?

- Como matrimonio, ¿conversamos sobre el día que transcurrió y fijamos planes para el día siguiente? ¿O sólo vemos televisión? ¿O cada uno hace otra actividad por su lado, lo que impide toda conversación?
- ¿Conversamos entre nosotros sobre el uso y distribución del dinero?
- ¿Llevamos y planeamos en común la administración de nuestro dinero? ¿Esto es fuente de discusiones y humillaciones? ¿Somos generosos con nuestro dinero? ¿Pagamos el dinero del culto? ¿Aportamos al Movimiento?
- ¿Contribuimos al espíritu familiar en la mesa o aprovechamos la ocasión para plantear problemas, corregir a los demás y suscitar conflictos?
- ¿Hacemos las cosas a medias? ¿Somos exigentes en nuestras metas?
- En nuestra condición de padres, ¿tenemos conciencia de las obligaciones que encierra la paternidad y la maternidad? ¿Conversamos sobre este tema? ¿Nos preocupamos de progresar en ese plano?
- Como matrimonio, ¿rezamos en común?
- ¿Desarrollamos algún servicio a otros, sea en el Movimiento, en el colegio, en la Parroquia o en alguna obra social?
- ¿Cultivamos una atmósfera cristiana en nuestro hogar?
- ¿Cultivamos la lectura para profundizar nuestra formación intelectual y católica?

- ¿Estamos al tanto de la realidad eclesial, nacional e internacional?
- ¿Cómo es nuestro vocabulario?¿Usamos palabras groseras?¿Hablamos a gritos?
- ¿Tenemos orden y moderación respecto al uso de la televisión?¿Dejamos lugar para el diálogo y para la oración, o bien ella consume nuestro tiempo desmesuradamente?
- ¿Cómo es nuestra actitud con personas del sexo opuesto? ¿Coqueteamos? ¿Somos magnánimos en la fidelidad al cónyuge?
- Si tenemos empleada o nana, ¿cómo la tratamos? ¿Le damos un sueldo justo? ¿Nos preocupamos de sus necesidades? ¿La saludamos en la mañana?

4. Preguntas respecto a los hijos

- ¿Conocemos a cada uno de nuestros hijos, con sus cualidades, defectos y aptitudes, con sus dificultades, inquietudes y preocupaciones? ¿Sabemos de los éxitos y fracasos en sus estudios? ¿Los estimulamos?
- ¿Dialogamos personalmente con cada uno de ellos? ¿Dedicamos momentos especiales a cada uno? ¿Les ayudamos en la preparación de sus estudios y tareas para el colegio?
- ¿Somos sobreprotectores? ¿Tendemos a ahorrarles esfuerzos? ¿Les damos responsabilidades?
- ¿Celebramos sus cumpleaños, sus logros y éxitos? ¿Somos cariñosos con ellos?
- ¿Cultivamos momentos de recreación, de esparcimiento en familia? ¿Celebramos en familia fechas y aniversarios importantes?

- ¿Desarrollamos actividades recreativas con nuestros hijos, tal como paseos, deportes, espectáculos, etc.?
- ¿Inculcamos en nuestros hijos un espíritu social de solidaridad y generosidad con los más necesitados? ¿Participamos o cooperamos en alguna obra social?
- ¿Nos preocupamos de su formación integral, orientándolos a la luz de los principios del Evangelio y del Magisterio de la Iglesia?
- ¿Conocemos la orientación espiritual del colegio donde estudian nuestros hijos? ¿Conocemos sus profesores? ¿Tenemos una participación activa y comprometida en sus actividades?
- ¿Intercambiamos puntos de vista y criterios con nuestros hijos? ¿Abordamos con ellos problemas más de fondo, sobre todo con los adolescentes y mayores?
- ¿Conocemos las amistades de nuestros hijos? ¿Sabemos de sus diversiones, de sus fiestas y de los lugares que frecuentan?
- ¿Rezamos con nuestros hijos?
- ¿Nos preocupamos de rezar las oraciones de la mañana y de la noche en familia?
- Los días domingos y festivos, ¿llegamos a tiempo a la misa? ¿Permanecemos en ella hasta el final?
- ¿Rezamos antes y después de cada comida?
- ¿Evitamos un lenguaje grosero y vulgar?

5. Preguntas referentes al mundo del trabajo

- ¿Realizo mi trabajo con eficiencia, honestidad, responsabilidad y alegría?
- En mi trabajo, ¿me dejo absorber sólo por el "hacer" o considero también la dimensión social?

– ¿Tengo un trato personal con quienes trabajo o mi trato es impersonal, rudo, discriminatorio, ofensivo?
– En el trabajo, ¿doy testimonio de mi fe? ¿Cómo lo hago?
– ¿Cómo es mi relación con el trabajo? ¿Lo vivo como mera obligación o como un medio para superarme y sustentar a mi familia?
– ¿Trabajo sólo por necesidad? ¿Soy su esclavo o mantengo mi libertad frente a él?
– ¿Soy responsable en mi trabajo? ¿Demuestro ser exageradamente meticuloso o peco por negligencia e irresponsabilidad?
– ¿Despliego creadoramente en él todas las posibilidades que Dios me dio o me dejo invadir por la pereza y la rutina?
– En mi lugar de trabajo, ¿siempre vivo preso de la urgencia o hago pequeñas pausas para unirme al Señor y a María?
– ¿Dejo todo "para mañana" o me siento siempre urgido a terminar todo "hoy"? ¿Soy equilibrado y armónico en mi trabajo?
– Cuando llego a mi trabajo, ¿saludo a todos con alegría o enseguida me encierro en mis obligaciones? ¿Me intereso por saber cómo les fue a los demás en sus actividades?
– En mi oficina, ¿inicio mi trabajo con el Señor y con María? ¿Reviso el plan del día y les ofrezco lo que haré y cómo quiero hacerlo?
– ¿Me preocupo de lo relevante, o me fijo más en detalles sin importancia?

- ¿Me involucro con los demás o espero que ellos vengan a mí?
- ¿Cómo es mi relación con las personas que están bajo mi dependencia? ¿Soy capaz de mandar respetando la dignidad de los demás, de emular sin rivalizar?
- ¿Felicito y estimulo? ¿O sólo hago notar lo negativo del otro y lo que no hizo?
- ¿Cumplo mis compromisos a tiempo?
- ¿En mi trabajo, malgasto el tiempo en conversaciones, en el "cafecito", etc.?
- ¿Tengo presente que frente a mis compañeros de trabajo estoy llamado a dar ejemplo como cristiano y schoenstattiano, en todos los aspectos: eficiencia, lenguaje, chistes, actitudes, etc.?
- ¿He pensado que los no católicos me observan y que mi ejemplo puede acercarlos o alejarlos de la fe y de la Iglesia?
- En la oficina o lugar de trabajo, ¿cómo es mi trato con personas del sexo opuesto? ¿Evito las insinuaciones, gestos y palabras de doble sentido, etc.? ¿Soy magnánimo en la fidelidad a mi cónyuge?

ANEXO 2

Pauta de Retiro Mensual*

El retiro mensual responde a la necesidad, una vez al mes, de dejar un tiempo más largo para revisar nuestra vida personal y matrimonial, y proyectar el mes siguiente de acuerdo a lo que la Divina Providencia nos señale.

I. SUGERENCIAS GENERALES

- Cada mes, fijar un día concreto para el retiro (por ejemplo, el último sábado o domingo del mes) y un tiempo determinado (por ejemplo, de 16 a 19 hrs)
- Realizar el retiro mensual preferentemente en el Santuario o en un lugar donde se pueda estar tranquilo.
- Disponer de un cuaderno personal para ir anotando los hechos o conclusiones más importantes.
- Si es posible, hacer la renovación mensual en conjunto, como matrimonio.
- El desarrollo del retiro puede ser el siguiente:
  - Invocación al Espíritu Santo
  - Revisión personal de cada uno por separado (durante 45 minutos, más o menos).

* Material de Trabajo de la Rama Familiar, Zona Cordillera, Santiago.

- Juntos, realizar un tiempo de intercambio y de oración.
- Considerar el mes próximo. Su programación debe ser meditada por cada uno separadamente.
- Al término, intercambiar y ver, como matrimonio, qué les pide expresamente el Señor y en qué aspectos es necesario que se apoyen mutuamente. Considerar también si es posible tomar algún propósito en común (propósito de matrimonio).

II. Desarrollo del Retiro

1. Ponerse en presencia de Dios e invocar al Espíritu Santo

- Invocación al Espíritu Santo:
  "Espíritu Santo, eres el alma de mi alma..."
  (HP pág. 217)
- Oración a María:

  Querida Madre y Reina,
  ayúdame a despojarme de todo
  lo que me intranquiliza
  para que, en silencio y pobreza,
  el Espíritu de Dios pueda llegar hasta mí
  y encontrar en mi alma un ambiente sereno,
  de acogida y entrega.
  Haz que mi inteligencia se abra a su luz
  y aprenda a ver con los ojos de Dios.
  Regálame la profunda comprensión del corazón
  que tanta sabiduría da a los que aman.
  Abreme al querer del Padre
  y configura mi ser y mi obrar
  según su santa voluntad. Amén.

- Algunos minutos de silencio para tranquilizar el corazón y encontrarse consigo mismo.
- Momento de meditación: lectura del Evangelio o de un texto del P. Kentenich.

2. Revisión del mes anterior

Cada uno examina su vida a la luz de la conducción de la Divina Providencia, del Ideal Personal o de la línea personal en el último tiempo.

Ambos abren su corazón y se preguntan en un diálogo con el Señor y María:

a) ¿Cuáles han sido los hechos o acontecimientos más importantes del mes recién pasado? (personales, matrimoniales, familiares, laborales y otros)

b) ¿Qué regalos especiales he recibido este mes?

c) ¿En qué he crecido este mes? ¿En qué me he autoeducado?
- En relación a Dios (oración, búsqueda y aceptación de su voluntad).
- En relación a las personas (mi cónyuge, mis hijos, familia, amigos, compañeros de trabajo).
- En relación a mí mismo.
- En relación a mi trabajo.
- En relación a mi grupo.

d) ¿Cuáles han sido los puntos de mi Horario Espiritual? ¿Cuál ha sido mi Examen Particular?

e) ¿Cómo los he cumplido?

f) ¿En qué he fallado?
- En relación a Dios, ¿qué me ha impedido dialogar

con él (oración)? ¿Qué dificultades tengo en este sentido?

– ¿Cómo ha sido mi entrega a los demás?
  - a mi familia (matrimonio, hijos)
  - en mi trabajo
  - en mi apostolado, etc.
– ¿En qué he fallado como persona?
– ¿Dónde detecto desarmonía en mi ser?
– ¿Qué cosas debo pulir o cambiar? (carácter, sentimientos poco nobles, comodidad, falta de generosidad, etc.).
– ¿Qué cosas me pesan? ¿Por qué?

Anotar sólo lo más importante de la meditación sobre los puntos anteriores y también aquello por lo cual se quisiera pedir perdón (apuntarlo como materia de confesión).

Después de esta primera etapa de revisión, puede realizarse un intercambio de matrimonio, comentando lo que Dios les dice, especialmente como matrimonio y familia. Este intercambio puede concluir con una oración común de gratitud y petición de perdón.

3. Programación del mes próximo

1. ¿En qué aspecto de mi vida personal, me parece que el Señor y la Mater me piden trabajar durante el mes próximo?

   Al examinarlo, tener en cuenta:

   a) El resultado de la evaluación del mes anterior, y definir:

   – ¿Qué debo cambiar, reforzar, asegurar o seguir conquistando?

– ¿Dónde me está pidiendo el Señor dar un paso más?

b) Las voces de Dios que me hablan a través de las circunstancias que me tocará enfrentar durante el próximo mes, tanto en
– lo familiar
– lo personal
– lo laboral

c) Mi Ideal Personal

2. De acuerdo a lo visto anteriormente, ¿qué Propósito Particular me parece adecuado para el mes próximo? ¿Debo continuar con el anterior? ¿Debo acentuar algo en especial?
3. Revisar los puntos del Horario Espiritual del mes anterior, considerando si debo
   - mantener los mismos puntos
   - suprimir algo
   - agregar algún punto nuevo

   Todo esto, en relación
   - a Dios
   - a las personas
   - a mí mismo
   - a mi trabajo
4. Después de finalizar esta mirada al mes próximo, se puede hacer un segundo intercambio de matrimonio para comentar lo que parezca conveniente y ver expresamente lo que ambos se proponen como matrimonio para el mes que comienza.

4. Renovación de la Alianza de Amor con la Santísima Virgen

Concluimos esta revisión mensual con un ofrecimiento a la Santísima Virgen y la renovación de nuestra Alianza de Amor con ella.

Depositamos en sus manos, como contribución al Capital de Gracias, todo lo que pueda traer el mes próximo en crecimiento personal, en alegrías, en esfuerzo y dolor, y le pedimos desde el Santuario, que ella dé a luz a Cristo en nosotros y nos permita ser fieles a nuestros ideales.

Oh Señora mía, oh Madre mía...

Índice General

www.ingramcontent.com/pod-product-compliance
Lightning Source LLC
La Vergne TN
LVHW101922220826
846093LV00009B/340
* 9 7 8 9 5 6 2 4 6 3 1 8 8 *